SE 07

Curso

MAƆ360

La diferencia entre aprobar
y sacar plaza

Técnico/a en Cuidados Auxiliares de Enfermería

SERVICIO ARAGONÉS DE SALUD

Si aún no dispones de tu **Curso MAD360**, te ofrecemos un acceso GRATIS de 30 días para que disfrutes de los siguientes recursos:

- Técnicas de Memoria 360.
- MADTEST: Test *online* Nivel PRO.
- Temario en formato digital.
- Vídeos.
- Esquemas.
- Planificación de estudio.
- Foro entre opositores hasta la fecha del examen.*
- Recursos y novedades exclusivas.
- Consulta sobre la oposición y el proceso selectivo.
- Actualizaciones legislativas (Boletines Oficiales) hasta 60 días antes de la fecha del examen.*

Para acceder a esta prueba del Curso MAD360** será necesaria la compra de todos los libros para esta especialidad de la edición 2025.

Regístrate en **mad.es/iniciar-sesion** y en la pestaña BIBLIOTECA valida los códigos que encuentras en la última página de tus libros.

NOTA IMPORTANTE:

* Examen de esta categoría profesional correspondiente a la convocatoria publicada en el BOA n.º 17, de 27 de enero de 2025, o hasta el 31 de marzo de 2026, lo que se cumpla antes, y previa renovación del servicio.

** El acceso al CURSO MAD360 estará disponible desde marzo de 2025 (algunos recursos podrían estar disponibles en fecha posterior). Tendrá una duración de 30 días RENOVABLES mediante pago, desde la validación de códigos, o hasta el 30 de septiembre de 2026, lo que se cumpla antes.

MAD se reserva el derecho a ampliar dichas fechas.

Técnico/a en Cuidados Auxiliares de Enfermería del Servicio Aragonés de Salud

Marzo 2025

Técnico/a en Cuidados Auxiliares de Enfermería del Servicio Aragonés de Salud

Test del temario

Autores

JOSÉ LUIS GARRIDO VELA
Licenciado en Derecho

ENCARNA ROJO FRANCO
Autora de libros de texto: Oposiciones y Certificados
de Profesionalidad
Profesora de Derecho Público

JOSÉ MANUEL ANIA PALACIO
Médico
Profesor de Enseñanza Secundaria. Rama Sanitaria

M.ª JOSÉ GARCÍA BERMEJO
Licenciada en Biología
Técnica Superior en Laboratorio
de Diagnóstico Clínico

CARMEN ROSA JUNQUERA VELASCO
Diplomada Universitaria en Enfermería

LUIS SILVA GARCÍA
Diplomado Universitario en Enfermería
Recuperación de Urgencias

DIANA MARÍA GÁLVEZ DOMÍNGUEZ
Fisioterapeuta

FÁTIMA MILLÁN BRAVO
Licenciada en Medicina

MARÍA SANTAMARTA MARTINEZ
Enfermera Especialista Obstétrico-Ginecológica

LUIS FERNANDO RODRÍGUEZ SUÁREZ
Doctor en Medicina y Cirugía

JUAN MANUEL GIL RAMOS
Licenciado en Medicina

ADELA EMILIA GÓMEZ AYALA
Licenciada en Farmacia

MANUEL ALÉS REINA
Diplomado Universitario en Enfermería

HERMINIA ANDRADES ROMERO
Diplomada en Fisioterapia
Técnico Superior en Imagen para el Diagnóstico

© 7 Editores Recursos para la Cualificación Profesional y el Empleo, S.L. (7 Editores)
© Los autores
Primera edición, marzo 2025 (216 páginas)
Derechos de edición reservados a favor de 7 Editores
IMPRESO EN ESPAÑA
Diseño Portada: 7 Editores
Edita: 7 Editores
Avda. San Francisco Javier, 9 · Edificio Sevilla 2 · Planta 11 · Módulos 25-27 · 41018 Sevilla
Teléfono: 954 784 411 · WEB: www.mad.es · e-mail: administracion@7editores.com
ISBN: 978-84-142-9280-8
© "Editorial Mad" y "Eduforma" son nombres comerciales registrados de
7 Editores Recursos para la Cualificación Profesional y el Empleo, S.L.

Índice

MATERIA COMÚN

MATERIA ESPECÍFICA

Materia Común

TEST N.º 1

La Constitución Española de 1978: Principios fundamentales. Derechos y deberes fundamentales de los ciudadanos. La protección a la salud en la Constitución

1. ¿En qué se fundamenta la Constitución Española?

a) En un Estado social y democrático de Derecho.
b) En la indisoluble unidad de la Nación española.
c) En la independencia de los poderes del Estado.
d) En la organización territorial del Estado.

2. Según el artículo 3 de la CE, el castellano es la lengua oficial del Estado y todos los españoles:

a) Tienen el deber de usar y el derecho de conocer el castellano.
b) Tienen el derecho y el deber de conocer el castellano.
c) Tienen el deber de conocer y el derecho de usar el castellano.
d) Tienen el derecho de conocer y usar el castellano.

3. La Constitución Española reconoce y garantiza el derecho a la autonomía:

a) De las nacionalidades que la integran.
b) De las regiones que la integran.
c) De las Comunidades Autónomas que la integran.
d) De las nacionalidades y regiones que la integran.

4. El Preámbulo de la Constitución:

a) Tiene en sí carácter de norma jurídica.
b) Es una declaración de intenciones, destinada a interpretar lo que se quiere alcanzar con el contenido normativo de la Constitución.
c) Se trata de un texto sin fuerza jurídica de obligar.
d) Las respuestas b) y c) son correctas.

13

5. Señala la respuesta correcta, respecto de la aprobación, ratificación y publicación de la Constitución Española:

a) Aprobada por las Cortes el 31 de octubre de 1978, ratificada por el pueblo en referéndum el 6 de diciembre de 1978 y publicada el 29 de diciembre de 1978.

b) Aprobada por las Cortes el 30 de octubre de 1978, ratificada por el pueblo en referéndum el 16 de diciembre de 1978 y publicada el 27 de diciembre de 1978.

c) Aprobada por las Cortes el 31 de octubre de 1978, ratificada por el pueblo en referéndum el 16 de diciembre de 1978 y publicada el 29 de diciembre de 1978.

d) Aprobada por las Cortes el 10 de octubre de 1978, ratificada por el pueblo en referéndum el 26 de diciembre de 1978 y publicada el 30 de diciembre de 1978.

6. ¿En qué parte de la Carta Magna se establece la exposición de motivos que impulsan la norma constitucional y los objetivos que con ella se pretenden alcanzar?

a) En el Título Preliminar.
b) En el Preámbulo.
c) En el Título I.
d) En el Título II.

7. La Constitución Española fue sancionada por:

a) El Rey.
b) El Presidente del Congreso.
c) Las Cortes Generales.
d) El Presidente del Gobierno.

8. ¿Cuáles de los siguientes españoles de origen pueden ser privados de su nacionalidad?

a) Exclusivamente los miembros de grupos terroristas.
b) Los miembros de grupos terroristas y los que atenten contra el Rey u otro miembro de la Casa Real.
c) Los que atenten contra un miembro de la Familia Real o del Gobierno de la Nación.
d) Ningún español de origen podrá ser privado de su nacionalidad.

9. Según la CE son fundamentos del orden político y la paz social:

a) La dignidad de la persona, los derechos violables que les son inherentes y el respeto a la ley.
b) La dignidad de la persona, el desarrollo limitado de la personalidad y el respeto a la ley.
c) El respeto a la ley, a los reglamentos administrativos y demás disposiciones legales.
d) La dignidad de la persona, los derechos inviolables que le son inherentes, el libre desarrollo de su personalidad, el respeto a la ley y a los derechos de los demás.

10. ¿Cuál de los siguientes es considerado por la CE como uno de los valores superiores del ordenamiento jurídico?

a) La jerarquía normativa.
b) El pluralismo político.
c) La publicidad normativa.
d) La equidad.

11. La forma política del Estado español es:

a) Democracia parlamentaria.
b) Gobierno parlamentario.
c) Monarquía parlamentaria.
d) República democrática.

12. La parte de la CE que regula la estructura de los principales órganos del Estado recibe el nombre de:

a) Parte dogmática.
b) Parte orgánica.
c) Parte estatal.
d) Parte estructural.

13. Según la CE, la soberanía nacional:

a) Corresponde a las Cortes Generales, al estar compuestas por los representantes del pueblo.
b) Corresponde al Rey.
c) Reside en el pueblo español.
d) Corresponde al Gobierno de la Nación elegido directamente por el pueblo.

14. ¿En qué parte de la Carta Magna se señalan los valores superiores del ordenamiento jurídico?

a) En el Preámbulo.
b) En el Título Preliminar.
c) En el Título I.
d) Ninguna respuesta es correcta.

15. ¿Cuál de las siguientes es una de las características de nuestra Constitución de 1978?

a) Consensuada.
b) Corta.
c) Conservadora.
d) Originalidad.

16. Son el fundamento del orden político y de la paz social:

a) El libre desarrollo de la personalidad.
b) Los derechos inviolables que les son inherentes.
c) El respeto a la ley y a los derechos de los demás.
d) Todas las respuestas son correctas.

17. ¿Qué quedará excluido de extradición?

a) Los delitos criminales.
b) Los delitos políticos.
c) Los actos de terrorismo.
d) Ninguno.

18. ¿Qué debe ser democrático, a tenor de lo dispuesto en la Constitución Española, en los sindicatos de trabajadores y las asociaciones empresariales?

a) Su funcionamiento.
b) Su estructura interna.
c) Su funcionamiento y estructura interna.
d) Sus órganos asamblearios.

19. ¿De cuántos Capítulos consta el Título I de la CE de 1978?

a) De tres.
b) De cinco.
c) De dos.
d) De cuatro.

20. El derecho a la propiedad en nuestra Constitución es un Derecho:

a) Inherente a la condición humana.
b) Absoluto.
c) Que está limitado por la función social de la misma.
d) Ninguna de las respuestas anteriores es correcta.

En MADTEST tienes **más preguntas de este tema** y todos tus avances quedan registrados y se reflejan en el ranking.

¡Supera tus límites con MADTEST!

Solución al test n.º 1

1. b) En la indisoluble unidad de la Nación española.

2. c) Tienen el deber de conocer y el derecho de usar el castellano.

3. d) De las nacionalidades y regiones que la integran.

4. d) Las respuestas b) y c) son correctas.

5. a) Aprobada por las Cortes el 31 de octubre de 1978, ratificada por el pueblo en referéndum el 6 de diciembre de 1978 y publicada el 29 de diciembre de 1978.

6. b) En el Preámbulo.

7. a) El Rey.

8. d) Ningún español de origen podrá ser privado de su nacionalidad.

9. d) La dignidad de la persona, los derechos inviolables que le son inherentes, el libre desarrollo de su personalidad, el respeto a la ley y a los derechos de los demás.

10. b) El pluralismo político.

11. c) Monarquía parlamentaria.

12. b) Parte orgánica.

13. c) Reside en el pueblo español.

14. b) En el Título Preliminar.

15. a) Consensuada.

16. d) Todas las respuestas son correctas.

17. b) Los delitos políticos.

18. c) Su funcionamiento y estructura interna.

19. b) De cinco.

20. c) Que está limitado por la función social de la misma.

**La Corona. Las Cortes Generales. El Gobierno de la Nación.
El Poder Judicial. Elaboración, aplicación e interpretación
de las normas. Clases de normas y jerarquía normativa.
Organización Territorial del Estado**

1. Las Cámaras se reúnen en sesiones:

a) Ordinarias y extraordinarias.
b) Simples o conjuntas.
c) Ordinarias, extraordinarias y conjuntas.
d) Ordinarias, extraordinarias y de urgencia.

2. Para adoptar acuerdos, las Cámaras deben estar reunidas reglamentariamente y con asistencia de la mayoría de sus miembros. Dichos acuerdos, para ser válidos, deberán ser aprobados:

a) Por la mayoría de los miembros presentes.
b) Por mayoría absoluta de sus miembros.
c) Por los 3/5 de cada una de las Cámaras.
d) Por los 2/3 del conjunto de las Cámaras.

3. ¿En qué plazo deberá ser convocado el Congreso electo tras la celebración de elecciones?

a) Entre los 30 y 60 días siguientes.
b) Dentro de los 25 días siguientes.
c) Entre los 10 y 30 días siguientes.
d) Dentro de los 30 días siguientes.

4. En las causas contra Diputados y Senadores será competente:

a) La Sala de lo Civil del Tribunal Supremo.
b) La Sala de lo Social del Tribunal Supremo.

c) La Sala de lo Contencioso-Administrativo del Tribunal Supremo.
d) La Sala de lo Penal del Tribunal Supremo.

5. Las Diputaciones Permanentes estarán presididas por:

a) El diputado de mayor edad.
b) El diputado del grupo parlamentario más numeroso.
c) El Presidente del Gobierno.
d) El Presidente de la Cámara respectiva.

6. ¿Cuántos Senadores corresponderán a Menorca?

a) 1.
b) 2.
c) 3.
d) 4.

7. Las sesiones conjuntas del Senado y del Congreso serán presididas:

a) Por el Rey.
b) Por el Presidente del Gobierno.
c) Por el Presidente del Congreso.
d) Por el Presidente del Senado.

8. Los Senadores por provincias se elegirán por:

a) Sufragio universal, libre, igual, directo y secreto.
b) Sufragio directo, libre, igual, directo y secreto.
c) Sufragio internacional, directo, igual y secreto.
d) Sufragio universal, libre, secreto, igual y secreto.

9. Para que un Diputado o Senador pueda ser inculpado o procesado será requisito indispensable:

a) Que así lo determine el Tribunal Supremo.
b) Que así lo determine el Tribunal Constitucional.
c) Que así lo determine la Audiencia Nacional.
d) Que así lo autorice su respectiva Cámara.

10. Señala la respuesta correcta:

a) El Congreso de los Diputados es la Cámara de representación territorial.
b) Las poblaciones de Ceuta y Melilla elegirán cada una de ellas un Senador.
c) Son electores y elegibles todos los españoles que estén en pleno uso de sus derechos políticos.
d) El art. 68 de la Carta Magna dispone que el Congreso se compone de un mínimo de 350 y un máximo de 400 Diputados.

11. El número mínimo de Diputados previstos para el Congreso de los Diputados es de:

a) 250.
b) 300.
c) 400.
d) 350.

12. No es incompatible para ser elegido Diputado del Congreso de los Diputados un:

a) Militar en activo.
b) Miembro de una Junta Electoral.
c) Juez.
d) Ministro.

13. La Palma elige los siguientes Senadores:

a) Ninguno.
b) Dos.
c) Uno.
d) Cuatro.

14. La declaración del estado de sitio debe hacerla el/las:

a) Gobierno de la Nación.
b) Rey.
c) Congreso de los Diputados.
d) Presidente del Gobierno de la Nación.

15. El Presidente de la Diputación Permanente del Congreso de los Diputados es el:

a) Del partido mayoritario.
b) Portavoz del partido con mayor número de escaños.
c) Presidente de la Cámara.
d) Elegido por los Portavoces de los Grupos Parlamentarios.

16. El mínimo de miembros integrantes de una Comisión de Investigación según el artículo 76 de la Constitución es de:

a) Veintiuno.
b) Mayoría simple.
c) Mayoría absoluta.
d) No se establece.

17. No puede solicitar la celebración de una sesión extraordinaria de las Cortes Generales el/la:

a) Mayoría absoluta de sus miembros.
b) Diputación Permanente de ellas.
c) Mesa de cada Cámara.
d) Gobierno de la Nación.

18. El primer período de sesiones de las Cámaras concluye, según la Constitución:

a) Al finalizar su mandato.
b) En enero.
c) En diciembre.
d) En junio.

19. No puede delegarse en una Comisión Legislativa Permanente la posibilidad de aprobar una Ley:

a) Tributaria.
b) De funcionarios públicos.
c) Orgánica.
d) Las respuestas a) y c) son correctas.

20. ¿Por cuántos Diputados estarán representadas las poblaciones de Ceuta y Melilla?

a) Cada una de ellas por un Diputado.
b) Cada una de ellas por dos Diputados.
c) Ceuta por dos y Melilla por uno.
d) Melilla por dos Diputados y Ceuta por uno solo.

En MADTEST tienes **más preguntas de este tema** y todos tus avances quedan registrados y se reflejan en el ranking.

¡Supera tus límites con MADTEST!

Solución al test n.º 2

1. c) Ordinarias, Extraordinarias y Conjuntas.

2. a) Por la mayoría de los miembros presentes.

3. b) Dentro de los 25 días siguientes.

4. d) La Sala de lo Penal del Tribunal Supremo.

5. d) El Presidente de la Cámara respectiva.

6. a) 1.

7. c) Por el Presidente del Congreso.

8. a) Sufragio universal, libre, igual, directo y secreto.

9. d) Que así lo autorice su respectiva Cámara.

10. c) Son electores y elegibles todos los españoles que estén en pleno uso de sus derechos políticos.

11. b) 300.

12. d) Ministro.

13. c) Uno.

14. c) Congreso de los Diputados.

15. c) Presidente de la Cámara.

16. d) No se establece.

17. c) Mesa de cada Cámara.

18. c) En diciembre.

19. c) Orgánica.

20. a) Cada una de ellas por un Diputado.

TEST N.º 3

El Estatuto de Autonomía en Aragón. Principios informadores. Estructura y contenido. La organización institucional de la Comunidad Autónoma. Las Cortes y El Justicia de Aragón. Las competencias de la Comunidad de Aragón con especial referencia a las relativas a sanidad. Los órganos de gobierno y administración de la Comunidad Autónoma de Aragón. Estructura administrativa

1. Los poderes de la Comunidad Autónoma de Aragón emanan:

a) Del pueblo Aragonés y del Español.
b) Del Pueblo Aragonés y del Estatuto de Autonomía.
c) Del pueblo Aragonés y de la Constitución.
d) De la Nación Aragonesa.

2. La Constitución define los Estatutos de Autonomía como:

a) La norma fundamental de la Comunidad Autónoma.
b) La norma Institucional básica de cada Comunidad Autónoma que el Estado reconoce y ampara como parte integrante de su Ordenamiento Jurídico.
c) La norma Institucional básica de cada Comunidad Autónoma de su Ordenamiento Jurídico Especifico.
d) La norma fundamental de cada Comunidad Autónoma amparada por el Estado.

3. ¿Qué rango normativo tiene el Estatuto de Autonomía de Aragón?

a) Ley Orgánica.
b) Ley de Bases.
c) Ley.
d) Decreto-Ley.

4 ¿Cómo se define a Aragón en el Estatuto de Autonomía?

a) Nacionalidad.
b) Nación.
c) Nacionalidad Histórica.
d) Realidad nacional.

5. ¿Quiénes gozan de la condición política de aragoneses?

a) Los ciudadanos españoles.

b) Los ciudadanos españoles que tengan la vecindad administrativa en cualquier de los municipios de Aragón o cumplan los requisitos que la legislación pueda establecer.

c) Todos aquellos que tengan vecindad en cualquiera de los municipios de Aragón.

d) Los ciudadanos españoles que tengan vecindad administrativa en cualquier de los municipios de Aragón.

6. Según el Estatuto de Autonomía, los derechos y libertades de los Aragoneses y Aragonesas son:

a) Los reconocidos en la Constitución, los incluidos en la declaración universal de los Derecho Humanos y en los demás instrumentos internacionales de protección de los mismos suscritos y ratificados por España, así como los establecidos en el ámbito de la Comunidad Autónoma por el Estatuto.

b) Los reconocidos en la Constitución, los incluidos en la Carta de Derechos de la Unión Europea y en los demás instrumentos internacionales de protección de los mismos suscritos y ratificados por España, así como los establecidos en el ámbito de la Comunidad Autónoma por el presente estatuto.

c) Los reconocidos en la Constitución, los incluidos en la declaración universal de los Derecho Humanos y en los demás instrumentos internacionales de protección de los mismos suscritos y ratificados por Aragón.

d) Ninguna es correcta.

7. ¿Cómo se estructura el articulado del Estatuto de Autonomía de Aragón?

a) En un preámbulo, nueve títulos, seis disposiciones adicionales, cinco disposiciones transitorias, una disposición derogatoria y una disposición final.

b) En un título preliminar y nueve títulos.

c) En nueve títulos, cinco disposiciones adicionales y una disposición derogatoria.

d) En diez títulos, seis disposiciones adicionales y una disposición final.

8. ¿A quién es aplicable del Derecho Foral Aragonés?

a) A los residentes en Aragón.

b) A los que ostenten la vecindad civil aragonesa residentes en Aragón.

c) A los españoles residentes en Aragón.

d) A los que ostenten la vecindad aragonesa independientemente del lugar de su residencia.

9. Aragón se estructura territorialmente en:

a) Municipios, Comarcas y Provincias.

b) Provincias.

c) Provincias y Municipios.

d) Provincias y Comarcas.

10. El territorio de la Comunidad Autónoma se corresponde:

a) Con el de las provincias de Zaragoza, Huesca y Teruel.
b) Con el de las comarcas de Aragón.
c) Con el histórico de Aragón comprendiendo el de los municipios, comarcas y provincias de Huesca, Teruel y Zaragoza.
d) Con el de los municipios de Aragón.

11. No es un principio político y administrativo derivado de la Constitución en relación con el Estatuto de Autonomía de Aragón:

a) Principio de unidad coordinación y cooperación institucional.
b) Principio de equilibrio territorial.
c) Principio democrático.
d) Principio de exclusividad del derecho estatal.

12. Según el Estatuto de Autonomía de Aragón los derechos, libertades y deberes de los Aragoneses y Aragonesas son:

a) Los establecidos en la Constitución y en la Declaración Universal de los derechos del Hombre.
b) Los establecidos en la Constitución y en el propio Estatuto de Autonomía de Aragón.
c) Exclusivamente los establecidos en el Estatuto de Autonomía de Aragón.
d) Todos son correctos.

13. En relación con la salud, ¿a qué tienen derecho los usuarios del sistema público de salud según el Estatuto de Autonomía de Aragón?

a) A la libre elección de médico y centro sanitario, en los términos que establecen las leyes.
b) A acceder a los Servicios Públicos y Privados de Salud.
c) A acceder a los Servicios Públicos de Salud en condiciones de igualdad.
d) A la asistencia sanitaria gratuita.

14. ¿Quiénes tienen derecho, según el Estatuto de Autonomía de Aragón, al acceso en condiciones de igualdad a unos Servicios Públicos de calidad?

a) Todos los ciudadanos.
b) Los españoles y ciudadanos europeos.
c) Todas las personas.
d) Los ciudadanos españoles y extranjeros.

15. La ordenación y organización de los servicios de justicia gratuita y orientación jurídica gratuita en el territorio de Aragón corresponde:

a) A la Comunidad Autónoma de Aragón.
b) Al Estado.

c) Al Consejo General del poder Judicial.
d) Al ministerio de Justicia.

16. Son instituciones de la Comunidad Autónoma de Aragón:

a) Las Cortes y el Justicia.
b) El Presidente.
c) El Gobierno o la Diputación General.
d) Todas las anteriores lo son.

17. El Presidente del Tribunal Superior de Justicia de Aragón es nombrado:

a) Por el Presidente de Aragón a propuesta del Consejo General del Poder Judicial.
b) Por el Rey a propuesta del Presidente de Aragón.
c) Por el Presidente del Gobierno de España a propuesta del Consejo de Justicia de Aragón.
d) Ninguna de las anteriores es correcta.

18. Las Cortes de Aragón son:

a) Soberanas.
b) Inviolables.
c) Independientes.
d) Autónomas.

19. ¿A quién corresponde el examen, enmienda, aprobación y control del presupuesto de la Comunidad Autónoma de Aragón?

a) A las Cortes de Aragón.
b) Al Gobierno de Aragón.
c) A las Cortes Generales.
d) Al Gobierno de España.

20. Según el Estatuto de Autonomía de Aragón la iniciativa legislativa corresponde:

a) A los miembros de las Cortes de Aragón y al Gobierno de Aragón.
b) A los miembros de las Cortes de Aragón y al Congreso de los Diputados.
c) Al Gobierno de España y al Gobierno de Aragón.
d) A las Cortes de Aragón y al Senado.

En MADTEST tienes **más preguntas de este tema** y todos tus avances quedan registrados y se reflejan en el ranking.

¡Supera tus límites con MADTEST!

Solución al test n.º 3

1. c) Del pueblo Aragonés y de la Constitución.

2. b) La norma Institucional básica de cada Comunidad Autónoma que el Estado reconoce y ampara como parte integrante de su Ordenamiento Jurídico.

3. a) Ley Orgánica.

4. c) Nacionalidad Histórica.

5. b) Los ciudadanos españoles que tengan la vecindad administrativa en cualquiera de los municipios de Aragón o cumplan los requisitos que la legislación pueda establecer.

6. a) Los reconocidos en la Constitución, los incluidos en la declaración universal de los Derecho Humanos y en los demás instrumentos internacionales de protección de los mismos suscritos y ratificados por España, así como los establecidos en el ámbito de la Comunidad Autónoma por el Estatuto.

7. b) En un título preliminar y nueve títulos.

8. d) A los que ostenten la vecindad aragonesa independientemente del lugar de su residencia.

9. a) Municipios, Comarcas y Provincias.

10. c) Con el histórico de Aragón comprendiendo el de los municipios, comarcas y provincias de Huesca, Teruel y Zaragoza.

11. d) Principio de exclusividad del derecho estatal.

12. b) Los establecidos en la Constitución y en el propio Estatuto de Autonomía de Aragón.

13. a) A la libre elección de médico y centro sanitario, en los términos que establecen las leyes.

14. c) Todas las personas.

15. a) A la Comunidad Autónoma de Aragón.

16. d) Todas las anteriores lo son.

17. d) Ninguna de las anteriores es correcta.

18. b) Inviolables.

19. a) A las Cortes de Aragón.

20. a) A los miembros de las Cortes de Aragón y al Gobierno de Aragón.

Población, geografía y territorio en Aragón. Desequilibrios demográficos en Aragón. Magnitudes más relevantes de la economía aragonesa. Evolución reciente de la actividad económica en Aragón

1. En relación con las definiciones que la Ley de la Administración Local y la Ley de Comarcalización de Aragón establecen sobre territorio y población, señala la alternativa de respuesta incorrecta:

a) El conjunto de vecinos constituye la población del municipio.

b) Son vecinos de un municipio las personas que residen habitualmente en el mismo, se encuentren o no inscritas en el padrón municipal.

c) El término municipal es el ámbito territorial en el que ejerce sus competencias el municipio.

d) El territorio de cada comarca deberá coincidir con los espacios geográficos en que se estructuren las relaciones básicas de la actividad económica y cuya población esté vinculada por características sociales, historia y tradición comunes que definan bases peculiares de convivencia.

2. La ordenación del territorio es una materia:

a) De competencia compartida entre el Estado y la Comunidad Autónoma de Aragón.

b) De competencia ejecutiva de Aragón.

c) De competencia exclusiva de la Comunidad Autónoma de Aragón.

d) De competencia concurrente entre el Estado y Aragón.

3. ¿En qué disposición se encuentra regulada la función pública de ordenación del territorio en la Comunidad Autónoma de Aragón?

a) En el Decreto legislativo 1/2006, de 27 de diciembre.

b) En la Ley orgánica 5/2007, de 20 de abril.

c) En la Ley 4/2009, de 22 de junio.

d) En el Decreto legislativo 2/2015, de 17 de noviembre.

4. Determinados espacios de la Comunidad Autónoma requieren de una ordenación territorial específica, como ocurre con:

a) Los espacios que presentan densidades de población más bajas o altos índices de envejecimiento.
b) Los espacios vacíos.
c) Los antiguos espacios fronterizos.
d) Todas las respuestas anteriores son correctas.

5. ¿Cuál de las siguientes no constituye una estrategia de ordenación del territorio europeo?

a) El desarrollo territorial policéntrico y equilibrado y una nueva relación entre campo y ciudad.
b) Interdependencia y coordinación administrativa.
c) El acceso equivalente a las infraestructuras y al conocimiento.
d) La gestión prudente del patrimonio natural y cultural.

6. ¿Cuál de los siguientes enunciados está relacionado con la estrategia del desarrollo territorial policéntrico y equilibrado y una nueva relación entre campo y ciudad?

a) Se hace necesario incidir en los territorios que, en su dimensión comarcal, se encuentran en situación crítica debido a su baja densidad demográfica, donde se hace más necesaria, si cabe, la configuración de un nuevo equilibrio demográfico.
b) Parece necesario aprovechar la renta de situación aragonesa, impulsando sus comunicaciones con el resto de la Península Ibérica, así como con el centro de Europa a través de los Pirineos, e incrementar la accesibilidad de todas las comarcas.
c) Hay que articular un desarrollo sostenible de los recursos energéticos existentes, en particular de los recursos renovables, y evaluar los usos permitidos en relación con los riesgos naturales e inducidos y los impactos que esos usos puedan provocar en el territorio aragonés.
d) Se debe garantizar que la población pueda intervenir en aquellos instrumentos de planeamiento territorial que le afecten.

7. ¿Cuál de los siguientes no es un objetivo de ordenación territorial en Aragón?

a) Promover el desarrollo sostenible de la Comunidad Autónoma, haciendo compatible en todo su territorio la gestión, protección y mejora del patrimonio natural y cultural con la competitividad económica, el fortalecimiento de la cohesión social y el equilibrio demográfico.
b) Establecer condiciones de calidad de vida equivalentes para todos los habitantes de la Comunidad Autónoma con independencia de su lugar de residencia, haciendo efectiva la cohesión territorial y social.
c) Tutela ambiental, por medio de la protección activa del medio natural y del patrimonio cultural, con particular atención a la gestión de los recursos hídricos y del paisaje, y la evaluación de los riesgos naturales e inducidos.

d) Asignar racionalmente los usos del suelo en función de las aptitudes del medio físico y de las necesidades de la población, así como proporcionar criterios de interés general y social para la ubicación de las infraestructuras, los equipamientos y los servicios, fomentando la coordinación de los sectores implicados.

8. En relación con las estrategias de ordenación del territorio en Aragón, señala la respuesta incorrecta:

a) El policentrismo a través de la garantía de un acceso equivalente, eficaz y sostenible a infraestructuras, equipamientos, dotaciones y servicios, en especial mediante redes de transporte integrado, de tecnologías de la información y la comunicación y de difusión cultural.

b) La interdependencia y coordinación administrativa, basada en la evaluación y supervisión territoriales, prestando atención permanente a las entidades locales, así como al entorno territorial de Aragón, integrado por las Comunidades Autónomas limítrofes, el Estado, el ámbito de cooperación transfronteriza con las entidades territoriales francesas y la Unión Europea.

c) La accesibilidad, garantizando que la población pueda intervenir en aquellos instrumentos de planeamiento territorial que le afecten.

d) La tutela ambiental mediante el desarrollo de un sistema urbano equilibrado y policéntrico y de una asociación cooperativa e integrada entre los núcleos urbanos y los espacios rurales, fundamentada en la organización comarcal.

9. Según los Datos básicos de Aragón, ¿qué porcentaje de municipios están ubicados en zonas de montaña?

a) 9,4 %.
b) 40,1 %.
c) 60,3 %.
d) 1,1 %.

10. ¿En cuántas comarcas se organiza la administración comarcal de Aragón?

a) 33.
b) 41.
c) 50.
d) 36.

11. Según el Instituto Aragonés de Estadística, ¿qué porcentaje de la población aragonesa se concentra en las zonas urbanas?

a) 40,01 %.
b) 13,8 %.
c) 1,9 %.
d) 70,3 %.

12. ¿Cómo se califican a las zonas formadas por municipios de más de 10.000 habitantes?

a) Rurales.
b) Intermedias.
c) Urbanas.
d) Periurbanas.

13. Según el Instituto Aragonés de Estadística, ¿cuál es el tramo de edad con mayor presencia, tanto de mujeres como de hombres, en la población de Aragón?

a) De 35 a 54 años.
b) De 55 a 64 años.
c) De 65 a 84 años.
d) 85 y más años.

14. De la población extranjera empadronada en municipios aragoneses, ¿cuál es la procedencia que representa el porcentaje más elevado de extranjeros?

a) África.
b) Asia.
c) Europa.
d) América.

15. El fenómeno de la macrocefalia se refiere:

a) A la tenencia de saldo vegetativo negativo en Aragón.
b) A la superpoblación de los municipios próximos a la capital autonómica.
c) Al desequilibrio territorial.
d) Al envejecimiento de la población en las zonas con menor densidad de población.

16. A los efectos de la aplicación de la Ley 45/2007, de 13 de diciembre, para el desarrollo sostenible del medio rural en Aragón, cada comarca equivale a una zona rural. ¿Cuál de las siguientes comarcas tiene la consideración de zona rural a revitalizar?

a) Bajo Aragón.
b) Campo de Cariñena.
c) Tarazona y el Moncayo.
d) Ribera Alta del Ebro.

17. Según la Ley 45/2007, de 13 de diciembre, ¿cuál es una característica propia de las zonas rurales periurbanas?

a) Zonas en las que predomina el empleo en el sector terciario.
b) Zonas con una densidad de población media.
c) Zonas con escasa densidad de población.
d) Zonas con bajos niveles de renta.

18. En aplicación de la Ley 45/2007, ¿cuál de las siguientes comarcas no tiene la consideración de zona rural intermedia?

a) Hoya de Huesca.
b) Litera.
c) Aranda.
d) Valdejalón.

19. El Plan de Zona en el que se deja constancia de la estrategia de desarrollo rural establecida para esa comarca se aprueba:

a) Por el Gobierno de Aragón.
b) Por la Administración General del Estado.
c) Por las Entidades Locales implicadas.
d) Por el Gobierno de Aragón y la Administración General del Estado.

20. ¿Cuál de las siguientes constituye una causa del fenómeno de la despoblación en Aragón?

a) El crecimiento vegetativo negativo.
b) El abandono de los pueblos.
c) La elevada dispersión de la población.
d) El acceso a los servicios públicos.

En MADTEST tienes **más preguntas de este tema** y todos tus avances quedan registrados y se reflejan en el ranking.

¡Supera tus límites con MADTEST!

Solución al test n.º 4

1. b) Son vecinos de un municipio las personas que residen habitualmente en el mismo, se encuentren o no inscritas en el padrón municipal.

2. c) De competencia exclusiva de la comunidad autónoma de Aragón.

3. d) En el Decreto legislativo 2/2015, de 17 de noviembre.

4. d) Todas las respuestas anteriores son correctas.

5. b) Interdependencia y coordinación administrativa.

6. a) Se hace necesario incidir en los territorios que, en su dimensión comarcal, se encuentran en situación crítica debido a su baja densidad demográfica, donde se hace más necesaria, si cabe, la configuración de un nuevo equilibrio demográfico.

7. c) Tutela ambiental, por medio de la protección activa del medio natural y del patrimonio cultural, con particular atención a la gestión de los recursos hídricos y del paisaje, y la evaluación de los riesgos naturales e inducidos.

8. b) La interdependencia y coordinación administrativa, basada en la evaluación y supervisión territoriales, prestando atención permanente a las entidades locales, así como al entorno territorial de Aragón, integrado por las Comunidades Autónomas limítrofes, el Estado, el ámbito de cooperación transfronteriza con las entidades territoriales francesas y la Unión Europea.

9. b) 40,1%.

10. a) 33.

11. d) 70,3 %.

12. c) Urbanas.

13. a) De 35 a 54 años.

14. c) Europa.

15. b) A la superpoblación de los municipios próximos a la capital autonómica.

16. c) Tarazona y el Moncayo.

17. a) Zonas en las que predomina el empleo en el sector terciario.

18. d) Valdejalón.

19. d) Por el Gobierno de Aragón y la Administración General del Estado.

20. a) El crecimiento vegetativo negativo.

TEST N.º 5

La igualdad de oportunidades entre mujeres y hombres en Aragón: Disposiciones generales. Prevención y Protección Integral a las Mujeres Víctimas de Violencia en Aragón: Disposiciones Generales. La identidad y expresión de género e igualdad social y no discriminación en la Comunidad Autónoma de Aragón: Disposiciones Generales. La diversidad cultural y lucha contra la discriminación: Principios y objetivos del Plan Integral para la Gestión de la Diversidad vigente en Aragón

1. Según el artículo 9.2 de la Constitución: "corresponde a los poderes públicos .... las condiciones para que la libertad y la igualdad del individuo y de los grupos en que se integra sean reales y efectivas; .... los obstáculos que impidan o dificulten su plenitud y .... la participación de todos los ciudadanos en la vida política, económica, cultural y social". Qué 3 verbos faltan en la anterior frase:

a) Promover, remover y facilitar.
b) Impulsar, superar y posibilitar.
c) Crear, eliminar y alentar.
d) Facilitar, disminuir y promover.

2. La ley que regula a nivel estatal la igualdad efectiva de mujeres y hombres, es:

a) La Ley 3/2007, de 12 de marzo.
b) La Ley orgánica 22/2007, de 3 de abril.
c) La Ley orgánica 3/2007, de 22 de marzo.
d) El Decreto Legislativo 7/2003, de 23 de mayo.

3. Señala la opción incorrecta. Según el artículo 3 de la LO 3/2007, el principio de igualdad de trato entre mujeres y hombres supone la ausencia de toda discriminación, directa o indirecta, por razón de sexo, y especialmente, las derivadas de:

a) La maternidad.
b) La tendencia sexual.
c) La asunción de obligaciones familiares.
d) El estado civil.

4. Según el artículo 4 de la LO 3/2007, la igualdad de trato y de oportunidades entre mujeres y hombres:

a) Es un deber de las Administraciones Públicas.

b) Es una fuente formal del Derecho.

c) Es un principio informador del ordenamiento jurídico.

d) Es un objetivo fundamental del procedimiento administrativo.

5. La situación en que se encuentra una persona que sea, haya sido o pudiera ser tratada, en atención a su sexo, de manera menos favorable que otra en situación comparable, se considera:

a) Discriminación directa.

b) Acoso sexual.

c) Discriminación indirecta.

d) Violencia de género.

6. Una diferencia de trato basada en una característica relacionada con el sexo ¿constituye discriminación en el acceso al empleo?

a) Sí, en todo caso.

b) No, siempre que la formación necesaria se base en dicha característica.

c) No, siempre que dicha característica constituya un requisito profesional esencial y determinante.

d) No, si debido a la naturaleza de las actividades profesionales concretas o al contexto en el que se lleven a cabo, dicha característica constituya un requisito profesional esencial y determinante, siempre y cuando el objetivo sea legítimo y el requisito proporcionado.

7. A los efectos de la LO 3/2007, definimos como acoso sexual:

a) Cualquier comportamiento realizado en función del sexo de una persona, con el propósito o el efecto de atentar contra su dignidad y de crear un entorno intimidatorio, degradante u ofensivo.

b) La situación en que una disposición, criterio o práctica aparentemente neutros pone a personas de un sexo en desventaja particular con respecto a personas del otro, salvo que dicha disposición, criterio o práctica puedan justificarse objetivamente en atención a una finalidad legítima y que los medios para alcanzar dicha finalidad sean necesarios y adecuados.

c) Todo trato desfavorable a las mujeres relacionado con el embarazo o la maternidad.

d) Cualquier comportamiento, verbal o físico, de naturaleza sexual que tenga el propósito o produzca el efecto de atentar contra la dignidad de una persona, en particular cuando se crea un entorno intimidatorio, degradante u ofensivo.

8. Según el artículo 10 de la LO 3/2007, los actos y las cláusulas de los negocios jurídicos que constituyan o causen discriminación por razón de sexo se considerarán:

a) Válidos, pero anulables.

b) Nulos y sin efecto.

c) Ilegales.
d) Nulos, pero con efectos.

9. Conforme al artículo 12 de la LO 3/2007, cualquier persona podrá recabar de los tribunales la tutela del derecho a la igualdad entre mujeres y hombres, de acuerdo con lo establecido en el artículo 53.2 de la Constitución:

a) Siempre que la relación en la que supuestamente se produce la discriminación se encuentre vigente.
b) Incluso tras la terminación de la relación en la que supuestamente se ha producido la discriminación.
c) Siempre que se haya dado por terminada la relación en la que supuestamente se produce la discriminación.
d) A menos que se haya procedido a la suspensión de la relación en la que supuestamente se produce la discriminación.

10. La capacidad y la legitimación para intervenir en los procesos civiles, sociales y contencioso-administrativos que versen sobre la defensa del derecho de igualdad entre mujeres y hombres, corresponden a:

a) La persona acosada, únicamente.
b) Cualquier ciudadano.
c) Las personas físicas y jurídicas con interés legítimo.
d) Cualquier persona jurídica.

11. La Disposición Adicional Primera de la LO 3/2007, determina que se entenderá por composición equilibrada la presencia de mujeres y hombres de forma que, en el conjunto al que se refiera, las personas de cada sexo:

a) No superen el 55 % ni sean menos del 45 %.
b) No superen el 70 % ni sean menos del 30 %.
c) No superen el 60 % ni sean menos del 40 %.
d) No superen el 65 % ni sean menos del 35 %.

12. Según el artículo 1 de la Ley 7/2018, de 28 de junio, de igualdad de oportunidades entre mujeres y hombres en Aragón, esta ley tiene por objeto hacer efectivo el derecho de igualdad de trato y de oportunidades entre mujeres y hombres en la Comunidad Autónoma de Aragón, en desarrollo de los artículos 9.2, 14 y 23 de la Constitución, y 6.2, 11.3, 24.c) y 73.37.ª del Estatuto de Autonomía de Aragón, y mediante las medidas necesarias, remover los obstáculos que impidan o dificulten su .... para avanzar hacia una sociedad aragonesa más libre, justa, democrática y solidaria. Señalar la palabra que falta en la frase.

a) Plenitud.
b) Ejecución.

c) Aplicación.

d) Extensión.

13. ¿Es de aplicación la Ley 7/2018, de 28 de junio, de igualdad de oportunidades entre mujeres y hombres en Aragón a las entidades privadas de Aragón?

a) No, sólo es aplicable a personas físicas.

b) No, sólo es aplicable a la Administración de la Comunidad Autónoma de Aragón y sus organismos autónomos, y a las entidades que conforman el sector público del Gobierno de Aragón.

c) Sí, es aplicable por igual a todas las personas físicas y jurídicas establecidas en la Comunidad Autónoma de Aragón.

d) Es de aplicación a las entidades privadas que suscriban contratos o convenios de colaboración con las Administraciones públicas de Aragón o sean beneficiarias de ayudas o subvenciones concedidas por ellas.

14. Según el artículo 3 de la Ley 7/2018, un principio general de actuación de los poderes públicos de Aragón es el establecimiento de medidas para la conciliación de vida laboral, familiar y personal de mujeres y hombres, potenciando:

a) La corresponsabilidad.

b) La estabilidad en el empleo.

c) La igualdad de salarios.

d) La representación equilibrada.

15. Es una categoría que estructura la variable hombre y mujer y que viene referida a las diferencias biológicas, anatómicas y fisiológicas entre mujeres y hombres:

a) Género.

b) Sexualidad.

c) Sexo.

d) Sexismo.

16. Tal como lo define el artículo 4 de la Ley 7/2018, es la manifestación e institucionalización del dominio masculino sobre una supuesta inferioridad biológica de las mujeres, que históricamente se ha encargado de exhibir una distribución desigual del poder en favor de los hombres y que tiende a acentuar esta diferencia para conservar y conseguir más privilegios:

a) Patriarcado.

b) Machismo.

c) Sexismo.

d) Acoso sexual.

17. Educar en relación, según el artículo 4 de la Ley 7/2018, es la necesidad de que exista .... entre personas distintas en el ámbito educativo para poder generar comportamientos y relaciones igualitarias. Señalar la palabra que falta en la frase.

a) Integración.
b) Convivencia.
c) Comprensión.
d) Intercambio.

18. La protección jurídica frente a la violencia de género se articuló a nivel estatal a través de:

a) Ley Orgánica 1/2004, de 28 de diciembre.
b) Ley Orgánica 4/2001, de 8 de octubre.
c) Ley Orgánica 2/2008, de 14 de diciembre.
d) Ley Orgánica 10/2002, de 4 de octubre.

19. Según el artículo 1 de la Ley 4/2007, de 22 de marzo, de Prevención y Protección Integral a las Mujeres Víctimas de Violencia en Aragón, el objeto de esta Ley es la adopción de medidas integrales dirigidas a la ...., prevención y erradicación de la violencia ejercida sobre las mujeres, así como la protección, asistencia y seguimiento a las víctimas de violencia ejercida contra la mujer. Señalar la palabra que falta en la frase.

a) Evaluación.
b) Sensibilización.
c) Visibilización.
d) Marginación.

20. Siguiendo el artículo 2 de la Ley 4/2007, cuál de las siguientes formas de violencia incluye cualquier acto intencional de fuerza contra el cuerpo de la mujer, con resultado o riesgo de producir lesión física o daño en la víctima:

a) Abuso sexual.
b) Malos tratos sexuales.
c) Acoso sexual.
d) Malos tratos físicos.

En MADTEST tienes **más preguntas de este tema** y todos tus avances quedan registrados y se reflejan en el ranking.

¡Supera tus límites con MADTEST!

Solución al test n.º 5

1. a) Promover, remover y facilitar.

2. c) La Ley orgánica 3/2007, de 22 de marzo.

3. b) La tendencia sexual.

4. c) Es un principio informador del ordenamiento jurídico.

5. a) Discriminación directa.

6. d) No, si debido a la naturaleza de las actividades profesionales concretas o al contexto en el que se lleven a cabo, dicha característica constituya un requisito profesional esencial y determinante, siempre y cuando el objetivo sea legítimo y el requisito proporcionado.

7. d) Cualquier comportamiento, verbal o físico, de naturaleza sexual que tenga el propósito o produzca el efecto de atentar contra la dignidad de una persona, en particular cuando se crea un entorno intimidatorio, degradante u ofensivo.

8. b) Nulos y sin efecto.

9. b) Incluso tras la terminación de la relación en la que supuestamente se ha producido la discriminación.

10. c) Las personas físicas y jurídicas con interés legítimo.

11. c) No superen el 60 % ni sean menos del 40 %.

12. a) Plenitud.

13. d) Es de aplicación a las entidades privadas que suscriban contratos o convenios de colaboración con las Administraciones públicas de Aragón o sean beneficiarias de ayudas o subvenciones concedidas por ellas.

14. a) La corresponsabilidad.

15. c) Sexo.

16. a) Patriarcado.

17. b) Convivencia.

18. a) Ley Orgánica 1/2004, de 28 de diciembre.

19. b) Sensibilización.

20. d) Malos tratos físicos.

TEST N.º 6

La Ley 14/1986, de 25 de abril, General de Sanidad: El sistema Nacional de Salud y los Servicios de Salud de las Comunidades Autónomas. El Área de Salud. La Ley 6/2002, de 15 de abril, de Salud de Aragón. - Principios generales. Derecho y deberes de los ciudadanos. Derechos de información sobre la salud y autonomía del paciente

1. El Sistema Nacional de Salud es:

a) El operador que regula los aspectos básicos de las profesiones sanitarias tituladas en lo que se refiere a su ejercicio por cuenta propia o ajena.

b) Los centros, servicios y establecimientos de la propia Comunidad, Diputaciones, Ayuntamientos y cualesquiera otras Administraciones territoriales intracomunitarias, que estará gestionado bajo la responsabilidad de la respectiva Comunidad Autónoma.

c) El conjunto de los Servicios de Salud de la Administración del Estado y de los Servicios de Salud de las Comunidades Autónomas .

d) La ordenación territorial de los Servicios de Salud del Estado, de las comunidades autónomas y de las organizaciones y entidades privadas.

2. ¿De cuántos artículos consta la Ley 14/1986 de 25 de abril, General de Sanidad?

a) 109.
b) 111.
c) 113.
d) 116.

3. La Ley 14/1986 de 25 de abril, General de Sanidad, se estructura en:

a) Un Título Preliminar, siete Títulos, diez Disposiciones Adicionales, seis Disposiciones Transitorias, dos Disposiciones Derogatorias y dieciséis Disposiciones Finales.

b) Un Título Preliminar, seis Títulos, diez Disposiciones Adicionales, siete Disposiciones Transitorias, dos Disposiciones Derogatorias y dieciséis Disposiciones Finales.

c) Un Título Preliminar, siete Títulos, diez Disposiciones Adicionales, siete Disposiciones Transitorias, tres Disposiciones Derogatorias y dieciséis Disposiciones Finales.

d) Un Título Preliminar, siete Títulos, diez Disposiciones Adicionales, seis Disposiciones Transitorias, tres Disposiciones Derogatorias y dieciséis Disposiciones Finales.

4. ¿Qué artículo de nuestra Carta Magna reconoce el derecho a la protección de la salud?

a) El art. 9.1.
b) El art. 9.2.
c) El art. 43.1.
d) El art. 49.1.

5. La Ley 14/1986, de 25 de abril, General de Sanidad, establece que las piezas básicas de los Servicios de Salud de las Comunidades Autónomas son:

a) Las Áreas de Salud.
b) Los Distritos Sanitarios.
c) Las Comarcas Sanitarias.
d) Las Zonas de Salud.

6. La Ley 14/1986, de 25 de abril, General de Sanidad, tiene como objeto:

a) Establecer el marco legal para las acciones de coordinación y cooperación de las Administraciones públicas sanitarias, en el ejercicio de sus respectivas competencias.
b) La regulación de los aspectos básicos de las profesiones sanitarias tituladas.
c) La regulación de los derechos y obligaciones de los pacientes, usuarios y profesionales, así como de los centros y servicios sanitarios, públicos y privados.
d) La regulación general de todas las acciones que permitan hacer efectivo el derecho a la protección de la salud reconocido en el artículo 43 de la Constitución Española.

7. Las Áreas de Salud se delimitan teniendo en cuenta factores:

a) Climatológicos y de dotación de vías y medios de comunicación.
b) Geográficos y demográficos.
c) Socioeconómicos y culturales.
d) Todas las respuestas son correctas.

8. Como regla general el área de salud extenderá su acción a una población:

a) No inferior a 100.000 habitantes ni superior a 150.000.
b) No inferior a 200.000 habitantes ni superior a 250.000.
c) No inferior a 250.000 habitantes ni superior a 300.000.
d) No inferior a 300.000 habitantes ni superior a 500.000.

9. ¿Qué Comunidades Autónomas y/o Ciudades Autónomas se exceptúan de la regla que hemos visto en la pregunta anterior, pudiéndose acomodar a sus específicas peculiaridades?

a) Baleares, Ceuta y Melilla.
b) Baleares y Canarias.

c) Canarias, Ceuta y Melilla.
d) Baleares, Canarias, Ceuta y Melilla.

10. Según dispone al artículo 56.5 LGS, cada provincia tendrá, en todo caso y como mínimo:

a) Un área de salud.
b) Dos áreas de salud.
c) Tres áreas de salud.
d) Cuatro áreas de salud.

11. ¿Cómo se denomina el órgano de participación de las Áreas de Salud?

a) Consejo de salud de área.
b) Consejo de dirección de área.
c) Comisión de salud del área.
d) Comité de Participación del Área de Salud.

12. Los Consejos de salud de área estarán constituidos por:

a) Las organizaciones sindicales más representativas, en una proporción no inferior al 50 %, a través de los profesionales sanitarios titulados.
b) La representación de los ciudadanos a través de las Corporaciones Locales comprendidas en su demarcación, que supondrá el 25 % de sus miembros.
c) La Administración sanitaria del área de salud.
d) Todas las respuestas son correctas.

13. El Gerente del área de salud será nombrado y cesado por la dirección del servicio de salud de la Comunidad Autónoma, a propuesta de:

a) El Consejo de dirección del área.
b) El Consejo de salud del área.
c) La Consejería de Sanidad de la Comunidad Autónoma.
d) El Consejo de Gerencia de la zona.

14. ¿A quién corresponde, según dispone el art. 60.3 LGS, presentar los anteproyectos del Plan de Salud y de sus adaptaciones anuales así como el proyecto de memoria anual del área de salud?

a) Al Consejo de salud del área.
b) Al Consejo de dirección del área.
c) Al Gerente del área de salud.
d) A las Consejerías de Sanidad de las Comunidades Autónomas.

15. Señala cuál de las siguientes es una de las funciones de los Consejos de Salud:

a) Conocer e informar el anteproyecto del Plan de Salud del área y de sus adaptaciones anuales.

b) Conocer e informar la memoria anual del área de salud.

c) Verificar la adecuación de las actuaciones en el área de salud a las normas y directrices de la política sanitaria y económica.

d) Todas las respuestas son correctas.

16. El Consejo de Salud de Área contará con la representación de los ciudadanos a través de las Corporaciones Locales comprendidas en su demarcación, que supondrá el:

a) 30 % de sus miembros.

b) 50 % de sus miembros.

c) 25 % de sus miembros.

d) 40 % de sus miembros.

17. ¿Qué porcentaje de los miembros del Consejo de dirección representan a la Comunidad Autónoma?

a) El 60 %.

b) El 50 %.

c) El 40 %.

d) El 25 %.

18. Según el artículo 14 del Estatuto de Autonomía de Aragón (Ley Orgánica 5/2007, de 20 de abril), todas las personas tienen derecho a acceder a los servicios públicos de salud, en condiciones de igualdad, universalidad y:

a) Libertad.

b) Calidad.

c) Eficacia.

d) Gratuidad.

19. ¿En cuántos títulos se estructura la Ley 6/2002, de 15 de abril, de Salud de Aragón?

a) 7.

b) 5.

c) 9.

d) 12.

20. ¿Qué título de la Ley 6/2002, de Salud de Aragón, se refiere a los derechos de información sobre la salud y la autonomía del paciente?

a) Título II.
b) Título III.
c) Título V.
d) Título VI.

En MADTEST tienes **más preguntas de este tema** y todos tus avances quedan registrados y se reflejan en el ranking.

¡Supera tus límites con MADTEST!

Solución al test n.º 6

1. c) El conjunto de los Servicios de Salud de la Administración del Estado y de los Servicios de Salud de las Comunidades Autónomas.

2. d) 116.

3. a) Un Título Preliminar, siete Títulos, diez Disposiciones Adicionales, seis Disposiciones Transitorias, dos Disposiciones Derogatorias y dieciséis Disposiciones Finales.

4. c) El art. 43.1.

5. a) Las Áreas de Salud.

6. d) La regulación general de todas las acciones que permitan hacer efectivo el derecho a la protección de la salud reconocido en el 43 de la Constitución Española.

7. d) Todas las respuestas son correctas.

8. b) No inferior a 200.000 habitantes ni superior a 250.000.

9. d) Baleares, Canarias, Ceuta y Melilla.

10. a) Un área de salud.

11. a) Consejo de salud de área.

12. c) La Administración sanitaria del área de salud.

13. a) El Consejo de dirección del área.

14. c) Al Gerente del área de salud.

15. d) Todas las respuestas son correctas.

16. b) 50 % de sus miembros.

17. a) El 60 %.

18. b) Calidad.

19. c) 9.

20. b) Título III.

TEST N.º 7

**El Departamento de Sanidad del Gobierno de Aragón.
Estructura básica y competencias. El Servicio Aragonés
de Salud: Estructura y competencias. El Decreto 174/2010,
de 21 de septiembre, del Gobierno de Aragón, por el que
se aprueba el reglamento de la estructura y funcionamiento
de las áreas y sectores del Sistema de Salud de Aragón**

1. Las zonas de salud serán delimitadas por:

a) Las Cortes de Aragón.
b) El Consejo de Gobierno.
c) El Departamento responsable de salud.
d) El Consejo de Salud de Aragón.

2. No es una competencia del Departamento de Sanidad de Aragón:

a) Definir y desarrollar las Estrategias de Salud en la Comunidad Autónoma.
b) Planificar, evaluar y controlar la organización asistencial del Sistema de Salud de Aragón.
c) Proceder a la estructuración, ordenación y planificación territorial en materia de salud.
d) Aprobar el Plan de Salud de Aragón.

3. Corresponde al Consejero de Sanidad:

a) Aprobar la estructura orgánica de su Departamento.
b) Aprobar el presupuesto de su Departamento.
c) Aprobar el reglamento del Servicio Aragonés de Salud.
d) Aprobar la memoria anual de actuación del Servicio Aragonés de Salud.

4. ¿A qué Dirección está adscrito el Servicio de Seguridad Alimentaria y Salud Ambiental?

a) Dirección General de Asistencia Sanitaria y Planificación.
b) Dirección General de Salud Pública.
c) Dirección General de Salud Digital e Infraestructuras.
d) Dirección General de Cuidados y Humanización.

5. NO es un Servicio de la Dirección General de Asistencia Sanitaria y Planificación:

a) Servicio de Personal, Planificación y Coordinación.
b) Servicio de Oferta Asistencial.
c) Servicio de Prestaciones y Contratación Sanitaria.
d) Servicio de Estrategias de Salud y Formación.

6. ¿A qué órgano se adscribe el Servicio de Cuidados y Alfabetización en Salud?

a) A la Secretaría General Técnica.
b) A la DG de Asistencia Sanitaria y Planificación.
c) A la DG de Salud Digital e Infraestructuras.
d) A la DG de Cuidados y Humanización.

7. ¿A quién corresponde el seguimiento y control de la prestación de incapacidad temporal?

a) A los Servicios Provinciales.
b) A los Centros de Salud.
c) Al Servicio de Prevención de Riesgos laborales.
d) A los Equipos de Salud correspondientes.

8. ¿Cuál de los siguientes organismos públicos no está adscrito al Departamento de Sanidad?

a) Servicio Aragonés de Salud.
b) Instituto Aragonés de Ciencias de la Salud.
c) Banco de Sangre y Tejidos.
d) Instituto Aragonés de Servicios Sociales.

9. El Servicio de Evaluación y Acreditación forma parte de la estructura de:

a) La Dirección General de Salud Digital e Infraestructuras.
b) La Secretaría General Técnica.
c) La Dirección General de Salud Pública.
d) La Dirección General de Asistencia Sanitaria y Planificación.

10. No es un órgano de la Secretaría General Técnica del Departamento de Sanidad:

a) Servicio de Información, Transparencia y Participación.
b) Servicio de Gestión Económica, Contratación y Asuntos Generales.
c) Servicio de Personal, Planificación y Coordinación.
d) Servicio de Asuntos Jurídicos.

11. ¿Cuál de las siguientes no constituye una línea asistencial en la estructura de las áreas y sectores del Sistema de Salud de Aragón?

a) La atención especializada.
b) La atención a la salud mental.
c) La atención sociosanitaria.
d) La atención psicosocial.

12. ¿Cuántos representantes de la Administración Sanitaria del Sector, forman parte del Consejo Rector del Área de Salud?

a) Cinco.
b) Tres.
c) Dos.
d) Ninguno.

13. Respecto a las Gerencias del Sector no es cierto que:

a) Son órganos desconcentrados.
b) Son órganos organizativos e instrumentales.
c) Gestionan los recursos sanitarios necesarios para la asistencia sanitaria de los centros y unidades de su territorio.
d) Son órganos consultivos.

14. Respecto a la línea asistencial de Atención Primaria, no es cierto que:

a) Garantiza la globalidad y continuidad de la atención a lo largo de toda la vida del paciente.
b) Comprende actividades tales como la educación sanitaria.
c) Una de las líneas de actuación es la salud bucodental.
d) Una de las líneas de actuación es la asistencia en hospital de día.

15. El Área de Salud será dirigida por un órgano propio denominado:

a) Consejo de Dirección.
b) Consejo Rector.
c) Departamento de Salud y Consumo.
d) Gerencia del Sector.

16. ¿A quién le corresponde el seguimiento, control y evaluación de los objetivos y medidas establecidas en los Contratos de Gestión del Área de Salud?

a) Al Consejo de Dirección.
b) Al Consejo Rector.
c) Al Departamento de Sanidad.
d) Al Gerente del Sector.

17. Respecto al Director de Gestión y Servicios Generales no es cierto que:

a) Proporciona a los demás órganos directivos, soporte administrativo y técnico específico, así como los servicios generales necesarios para el cumplimiento de sus objetivos.

b) Debe tener título universitario.

c) Tendrá dedicación exclusiva.

d) Será nombrado por el Director Gerente del Servicio Aragonés de Salud, a propuesta del Consejero del Departamento responsable en materia de salud.

18. El Director de Gestión y Servicios Generales del Sector actuará de conformidad con las competencias que tiene atribuidas:

a) Bajo la dependencia funcional de la Gerencia del Sector.

b) Bajo la dependencia orgánica de la Gerencia del Sector.

c) Bajo la dependencia orgánica del Director Gerente del Servicio Aragonés de Salud.

d) Bajo la dependencia orgánica del Consejero de Sanidad.

19. Según el artículo 21 del Decreto Legislativo 2/2004, de 30 de diciembre, por el que se aprueba el Texto Refundido de la Ley del Servicio Aragonés de Salud, en el Consejo de Salud de Zona habrá:

a) Un representante de cada consejo escolar constituido en la zona de salud.

b) Un veterinario con ejercicio profesional en la zona de salud.

c) Dos farmacéuticos con ejercicio profesional en la zona de salud.

d) Un representante del equipo de atención primaria, elegido por el coordinador del equipo.

20. ¿Cuál de las siguientes es una competencia de la Dirección de Área de Coordinación Asistencial?

a) La elaboración, seguimiento y evaluación de los contratos de gestión en los centros del Servicio Aragonés de Salud.

b) La gestión de la Tesorería del Organismo.

c) La propuesta de fijación de plantillas de personal de los diversos centros y servicios y sus modificaciones.

d) La coordinación de las actividades de gestión y desarrollo profesional.

En MADTEST tienes **más preguntas de este tema** y todos tus avances quedan registrados y se reflejan en el ranking.

¡Supera tus límites con MADTEST!

Solución al test n.º 7

1. c) El Departamento responsable de salud.

2. d) Aprobar el Plan de Salud de Aragón.

3. d) Aprobar la memoria anual de actuación del Servicio Aragonés de Salud.

4. b) Dirección General de Salud Pública.

5. a) Servicio de Personal, Planificación y Coordinación.

6. d) A la DG de Cuidados y Humanización.

7. a) A los Servicios Provinciales.

8. d) Instituto Aragonés de Servicios Sociales.

9. d) La Dirección General de Asistencia Sanitaria y Planificación.

10. a) Servicio de Información, Transparencia y Participación.

11. d) La atención psicosocial.

12. b) Tres.

13. d) Son órganos consultivos.

14. d) Una de las líneas de actuación es la asistencia en hospital de día.

15. b) Consejo Rector.

16. d) Al Gerente del Sector.

17. d) Será nombrado por el Director Gerente del Servicio Aragonés de Salud, a propuesta del Consejero del Departamento responsable en materia de salud.

18. b) Bajo la dependencia orgánica de la Gerencia del Sector.

19. b) Un veterinario con ejercicio profesional en la zona de salud.

20. d) La coordinación de las actividades de gestión y desarrollo profesional.

Ley 39/2015, de 1 de octubre, del Procedimiento Administrativo Común de las Administraciones Públicas. Ámbito de aplicación y principios generales. Los interesados en el procedimiento administrativo. Cómputo de plazos. Revisión de actos en vía administrativa: revisión de oficio y recursos administrativos

1. En materia de representación, la LPACAP incluye nuevos medios para acreditarla en el ámbito exclusivo de las Administraciones Públicas, como son, entre otros:

a) El apoderamiento notarial de forma electrónica.
b) El apoderamiento *apud acta*, presencial o electrónico.
c) El apoderamiento *anod actus*, presencial o electrónico.
d) El apoderamiento *acta omnis*, presencial.

2. La LPACAP establece, con carácter general, la obligación de las Administraciones Públicas de:

a) No admitir que el interesado pueda presentar con carácter general copias de documentos en soporte papel.
b) No admitir que el interesado pueda presentar con carácter general copias de documentos que hayan sido digitalizadas.
c) Requerir documentos ya aportados por los interesados, elaborados por las Administraciones Públicas o documentos originales.
d) No requerir documentos ya aportados por los interesados, elaborados por las Administraciones Públicas o documentos originales.

3. La edad mínima para entablar por sí solo relaciones con la Administración Pública es de:

a) Dieciocho años.
b) Depende de los casos.

c) Veintiún años la mujer casada.

d) Dieciséis años.

4. La falta o insuficiente acreditación de la representación no impedirá que se tenga por realizado el acto de que se trate, siempre que se aporte aquella o se subsane el defecto dentro del plazo que deberá conceder al efecto el órgano administrativo, de:

a) Un mes, o de un plazo superior cuando las circunstancias del caso así lo requieran.

b) Veinte días, o de un plazo superior cuando las circunstancias del caso así lo requieran.

c) Quince días, o de un plazo superior cuando las circunstancias del caso así lo requieran.

d) Diez días, o de un plazo superior cuando las circunstancias del caso así lo requieran.

5. Los poderes inscritos en el registro electrónico de apoderamiento tendrán una validez determinada máxima de:

a) Diez años a contar desde la fecha de inscripción.

b) Cinco años a contar desde la fecha de inscripción.

c) Tres años a contar desde la fecha de inscripción.

d) Dos años a contar desde la fecha de inscripción.

6. Señala la respuesta incorrecta respecto a los interesados:

a) Se consideran interesados en el procedimiento administrativo los que, sin haber iniciado el procedimiento, tengan derechos que puedan resultar afectados por la decisión que en el mismo se adopte.

b) Cuando en una solicitud, escrito o comunicación figuren varios interesados, las actuaciones a que den lugar se efectuarán con el representante o el interesado que expresamente hayan señalado, y, en su defecto, con cualquiera de los demás.

c) Cuando la condición de interesado derivase de alguna relación jurídica transmisible, el derecho-habiente sucederá en tal condición cualquiera que sea el estado del procedimiento.

d) La presentación de una denuncia y la comparecencia en el trámite de información pública, respectivamente, no confieren u otorgan, por sí solas, la condición de interesado en el procedimiento.

7. En Derecho Administrativo, a diferencia del Derecho Privado, se puede reconocer a los menores de edad:

a) Capacidad jurídica.

b) Capacidad de obrar.

c) Ambas capacidades.

d) Ninguna de ellas.

8. Señala la respuesta incorrecta. Las Administraciones Públicas solo requerirán a los interesados el uso obligatorio de firma para:

a) Presentar declaraciones responsables o comunicaciones.
b) Adquirir derechos.
c) Interponer recursos.
d) Formular solicitudes.

9. Si durante la instrucción de un procedimiento, se advierte la existencia de personas que sean titulares de derechos o intereses legítimos y directos cuya identificación resulte del expediente y que puedan resultar afectados por la resolución que se dicte:

a) Se comunicará a dichas personas la tramitación del procedimiento cuando así lo solicite el interesado que inició el procedimiento.
b) Se publicará por edictos.
c) Se comunicará a dichas personas la tramitación del procedimiento cuando este no haya tenido publicidad.
d) No se comunicará, salvo que se presenten en forma legal en el procedimiento.

10. Con carácter general, para realizar cualquier actuación prevista en el procedimiento administrativo, será suficiente con que los interesados acrediten previamente su identidad a través de cualquiera de los medios de identificación previstos en la Ley 39/2015, de 1 de octubre. Las Administraciones Públicas NO requerirán a los interesados el uso obligatorio de firma para:

a) Identificar a las autoridades y al personal al servicio de las Administraciones Públicas bajo cuya responsabilidad se tramiten los procedimientos.
b) Desistir de acciones.
c) Presentar declaraciones responsables o comunicaciones.
d) Formular solicitudes.

11. El recurso de alzada contra actos que no agotan la vía administrativa es:

a) Extraordinario.
b) La regla general.
c) Especial.
d) Inexistente.

12. El recurso de alzada se presentará:

a) Ante el superior jerárquico del órgano que dictó el acto.
b) Ante el Tribunal contencioso competente.
c) Ante el órgano que dictó el acto.
d) Indistintamente, ante el órgano que dictó el acto o el superior jerárquico que deba decidirlo.

13. El recurso extraordinario de revisión por manifiesto error de hecho, que resulte de los propios documentos incorporados al expediente, debe plantearse:

a) A los tres meses desde que se produjo.
b) A los cuatro años desde que se conoció.
c) Dentro de los cuatro años desde la notificación del acto.
d) No puede darse nunca aisladamente.

14. La *reformatio in peius*, en materia de recursos:

a) Se admite como regla general.
b) Solo se permite en materia sancionadora.
c) Se admite cuando el recurso está claramente infundado.
d) Está expresamente prohibida.

15. Cuando hayan de tenerse en cuenta nuevos hechos o documentos no recogidos en el expediente originario, se pondrán de manifiesto a los interesados para que formulen las alegaciones que estimen procedentes, en un plazo:

a) No inferior a diez días ni superior a quince.
b) De veinte días.
c) No inferior a cinco días ni superior a veinte.
d) De treinta días.

16. ¿Contra qué actos se interpone el recurso extraordinario de revisión?

a) Contra cualquier acto administrativo.
b) Contra los actos que no agotan la vía administrativa.
c) Contra los actos que agotan la vía administrativa.
d) Contra los actos firmes exclusivamente.

17. La resolución de un recurso:

a) Debe circunscribirse a lo solicitado por el recurrente.
b) Resolverá cuantas cuestiones se deduzcan del expediente.
c) No es necesario que se motive.
d) Debe aceptar las razones en que se fundamente el propio recurso.

18. ¿Cuándo se dará la terminación presunta del recurso extraordinario de revisión?

a) A los tres meses de su interposición.
b) Al mes de su interposición.
c) Únicamente en el supuesto de que se base en manifiesto error de derecho.
d) No cabe.

19. Si el acto fuera expreso, el plazo para la interposición del recurso de reposición será de:

a) Tres meses.
b) Diez días.
c) Quince días.
d) Un mes.

20. El recurso de reposición contra actos que no agotan la vía administrativa es:

a) Ordinario.
b) Extraordinario.
c) Especial.
d) Inexistente.

En MADTEST tienes **más preguntas de este tema** y todos tus avances quedan registrados y se reflejan en el ranking.

¡Supera tus límites con MADTEST!

Solución al test n.º 8

1. b) El apoderamiento *apud acta*, presencial o electrónico.

2. d) No requerir documentos ya aportados por los interesados, elaborados por las Administraciones Públicas o documentos originales.

3. b) Depende de los casos.

4. d) Diez días, o de un plazo superior cuando las circunstancias del caso así lo requieran.

5. b) Cinco años a contar desde la fecha de inscripción.

6. b) Cuando en una solicitud, escrito o comunicación figuren varios interesados, las actuaciones a que den lugar se efectuarán con el representante o el interesado que expresamente hayan señalado, y, en su defecto, con cualquiera de los demás.

7. b) Capacidad de obrar.

8. b) Adquirir derechos.

9. c) Se comunicará a dichas personas la tramitación del procedimiento cuando este no haya tenido publicidad.

10. a) Identificar a las autoridades y al personal al servicio de las Administraciones Públicas bajo cuya responsabilidad se tramiten los procedimientos.

11. b) La regla general.

12. d) Indistintamente, ante el órgano que dictó el acto o el superior jerárquico que deba decidirlo.

13. c) Dentro de los cuatro años desde la notificación del acto.

14. d) Está expresamente prohibida.

15. a) No inferior a diez días ni superior a quince.

16. d) Contra los actos firmes exclusivamente.

17. b) Resolverá cuantas cuestiones se deduzcan del expediente.

18. a) A los tres meses de su interposición.

19. d) Un mes.

20. d) Inexistente.

**Personal Estatutario de los Servicios de Salud:
Clasificación del personal estatutario. Derechos y Deberes.
Adquisición y pérdida de la condición de personal estatutario.
Provisión de plazas, selección y promoción interna. Movilidad del
personal. Situación. Régimen disciplinario. Incompatibilidades.
El texto refundido de la Ley del Estatuto Básico del Empleado
Público, aprobado por el Real Decreto Legislativo 5/2015:
Deberes del empleado público y código de conducta.
Representación, participación y negociación colectiva**

1. Conforme al artículo 9.1 del Estatuto Marco (en redacción dada por el Real Decreto-ley 12/2022, de 5 de julio, por el que se modifica la Ley 55/2003, de 16 de diciembre, del Estatuto Marco del personal estatutario de los servicios de salud), los nombramientos del Personal Estatutario Temporal de los Servicios de Salud serán:

a) Únicamente de Personal Estatutario Sanitario.
b) Personal Estatutario Contratado.
c) De interinidad.
d) Como Personal Laboral.

2. Conforme al artículo 6.2 de la Ley 55/2003, de 16 de diciembre, del Estatuto Marco del personal estatutario de los servicios de salud, atendiendo al nivel académico del título exigido para el ingreso, el personal estatutario sanitario de formación profesional se divide en:

a) Técnicos sanitarios y Auxiliares de Enfermería.
b) Técnicos superiores y Técnicos.
c) Técnicos superiores y Técnicos de gestión.
d) Técnicos especialistas y Técnicos.

3. Podrá concurrir a las pruebas selectivas, por el sistema de promoción interna, el personal estatutario fijo que se encuentre en servicio activo y con nombramiento como personal estatutario fijo, en la categoría de procedencia, durante al menos:

a) 2 años.
b) 3 años.
c) 4 años.
d) 5 años.

4. Quienes no acrediten, una vez superado el proceso selectivo, que reúnen los requisitos y condiciones exigidos en la convocatoria:

a) No podrán ser nombrados hasta que subsanen el defecto.
b) No podrán ser nombrados, y quedarán sin efecto sus actuaciones.
c) Podrán ser nombrados de forma condicional.
d) Una vez superado el proceso selectivo, se entiende que reúne los requisitos exigidos, salvo prueba en contrario.

5. No es causa de extinción de la condición de personal estatutario fijo:

a) La renuncia.
b) La jubilación.
c) La sanción disciplinaria firme de separación del servicio.
d) La incapacidad temporal.

6. La recuperación de la condición de personal estatutario:

a) Supondrá la simultánea declaración del interesado en la situación de excedencia voluntaria, salvo en el caso de que se hubiera perdido como consecuencia de incapacidad.
b) Supondrá la simultánea declaración del interesado en la situación de excedencia voluntaria.
c) Supondrá la reincorporación del interesado a su puesto anterior.
d) Supondrá la reincorporación del interesado a su puesto en reingreso provisional.

7. La renuncia a la condición de personal estatutario, en los casos en que no exista un expediente disciplinario abierto, deberá ser solicitada por el interesado con una antelación mínima a su efectividad:

a) En cualquier momento.
b) De 15 días.
c) Tiene carácter voluntario y no está sometida a preaviso.
d) De un mes.

8. Entre los siguientes derechos que le reconoce el Estatuto Marco al personal estatutario, no figura el derecho individual a:

a) La estabilidad en el empleo.
b) El respeto a la dignidad e intimidad personal en el trabajo.
c) La formación continuada adecuada a la función desempeñada.
d) La inamovilidad del puesto de trabajo.

9. El personal estatutario de los servicios de salud tiene el deber de:

a) Participar en la elaboración de los convenios colectivos.
b) Realizar sus funciones fuera del horario y jornada habitual.
c) Realizar actividades sindicales.
d) Respetar la Constitución, el Estatuto de Autonomía correspondiente y el resto del ordenamiento jurídico.

10. Son faltas muy graves:

a) La falta de obediencia debida a los superiores.
b) El acoso sexual, cuando el sujeto activo del acoso cree con su conducta un entorno laboral intimidatorio, hostil o humillante para la persona que es objeto del mismo.
c) El incumplimiento del deber de respeto a la Constitución o al respectivo Estatuto de Autonomía en el ejercicio de sus funciones.
d) La aceptación de cualquier tipo de contraprestación por los servicios prestados a los usuarios de los Servicios de Salud.

11. El funcionario sancionado con la separación del servicio no podrá concurrir a las pruebas de selección para la obtención de la condición de personal estatutario fijo, ni prestar servicios como personal estatutario temporal, durante:

a) Los 6 años siguientes.
b) Los 5 años siguientes.
c) Los 10 años siguientes.
d) La separación del servicio es definitiva.

12. Según el art. 72.2 del Estatuto Marco, tendrá la consideración de falta muy grave:

a) Intervenir en un procedimiento administrativo cuando se dé alguna de las causas de abstención legalmente señaladas.
b) Toda actuación que suponga discriminación por razones ideológicas, morales, políticas, sindicales, de raza, lengua, género, religión o circunstancias económicas, personales o sociales, tanto del personal como de los usuarios.
c) El incumplimiento injustificado de la jornada de trabajo que acumulado suponga más de 20 horas al mes.
d) La incorrección con los superiores, compañeros, subordinados o usuarios.

13. De las siguientes, la sanción que se aplicará al personal estatutario por la comisión de falta grave será:

a) Suspensión de funciones.
b) Traslado forzoso con cambio de localidad.
c) Separación del servicio.
d) Apercibimiento.

14. Las Comunidades Autónomas, en el ámbito de sus competencias, determinarán la limitación máxima de la jornada a tiempo parcial respecto a la jornada completa, con el límite máximo del:

a) Setenta y cinco por ciento de la jornada ordinaria, en cómputo anual.
b) Veinticinco por ciento de la jornada ordinaria, en cómputo anual.
c) Sesenta por ciento de la jornada ordinaria, en cómputo anual.
d) Cincuenta por ciento de la jornada ordinaria, en cómputo anual.

15. Solo una de las siguientes afirmaciones referidas a la "movilidad voluntaria" es cierta dentro de las prescripciones del Estatuto Marco del personal estatutario. ¿Cuál?

a) Los procedimientos se han de efectuar cada dos años.
b) Se garantiza en términos de igualdad efectiva entre los diferentes Servicios de Salud.
c) En casos excepcionales se pueden resolver los procedimientos por libre designación.
d) El plazo posesorio en el nuevo destino es siempre de un mes.

16. Entre los derechos reconocidos en el mismo Estatuto Marco (artículo 50) a los profesionales, está el de tener un periodo de descanso durante la jornada que no puede ser inferior a 15 minutos, siempre que la jornada:

a) Exceda de 6 horas continuadas.
b) Sea de seis horas continuadas.
c) No se tenga reducida por algún motivo.
d) Sea jornada ordinaria y no jornada complementaria.

17. Cuando de un procedimiento de movilidad se derive cambio del servicio de salud de destino, el Estatuto Marco establece un plazo posesorio de:

a) Un mes.
b) Treinta días.
c) Quince días.
d) Diez días.

18. Según el Estatuto Marco del personal estatutario, la situación de excedencia voluntaria por interés particular obliga a un periodo mínimo de permanencia en ella de:

a) Un año.
b) Dos años.
c) Doce meses.
d) No establece periodo mínimo.

19. De acuerdo con el régimen disciplinario del personal estatutario, se considera muy grave:

a) El abandono del servicio.
b) El abuso de autoridad en el ejercicio de sus funciones.
c) Falta de obediencia debida a los superiores.
d) La incorrección con los superiores, compañeros, subordinados o usuarios.

20. El personal estatutario que acceda a plaza de formación sanitaria especializada mediante residencia, será declarado en situación de:

a) Servicios especiales.
b) Servicios bajo otro régimen jurídico.
c) Excedencia voluntaria.
d) Excedencia por servicios en el sector público.

En MADTEST tienes **más preguntas de este tema** y todos tus avances quedan registrados y se reflejan en el ranking.

¡Supera tus límites con MADTEST!

Solución al test n.º 9

1. c) De interinidad.

2. b) Técnicos superiores y Técnicos.

3. a) 2 años.

4. b) No podrán ser nombrados, y quedarán sin efecto sus actuaciones.

5. d) La incapacidad temporal.

6. a) Supondrá la simultánea declaración del interesado en la situación de excedencia voluntaria, salvo en el caso de que se hubiera perdido como consecuencia de incapacidad.

7. b) De 15 días.

8. d) La inamovilidad del puesto de trabajo.

9. d) Respetar la Constitución, el Estatuto de Autonomía correspondiente y el resto del ordenamiento jurídico.

10. c) El incumplimiento del deber de respeto a la Constitución o al respectivo Estatuto de Autonomía en el ejercicio de sus funciones.

11. a) Los 6 años siguientes.

12. b) Toda actuación que suponga discriminación por razones ideológicas, morales, políticas, sindicales, de raza, lengua, género, religión o circunstancias económicas, personales o sociales, tanto del personal como de los usuarios.

13. a) Suspensión de funciones.

14. a) Setenta y cinco por ciento de la jornada ordinaria, en cómputo anual.

15. b) Se garantiza en términos de igualdad efectiva entre los diferentes Servicios de Salud.

16. a) Exceda de 6 horas continuadas.

17. a) Un mes.

18. b) Dos años.

19. a) El abandono del servicio.

20. a) Servicios especiales.

TEST N.º 10

**Ley de Prevención de Riesgos Laborales: Conceptos básicos.
Derechos y obligaciones en materia de seguridad en el trabajo.
Organización de la prevención de riesgos laborales en la Comunidad
Autónoma de Aragón. Distribución de funciones y responsabilidades
en materia de prevención de riesgos laborales entre los diferentes
órganos del Servicio Aragonés de Salud**

1. ¿Cuál es la vigente Ley de Prevención de Riesgos Laborales?

a) Ley 32/1995, de 8 de noviembre.
b) Ley 30/1996, de 8 de noviembre.
c) Ley 31/1995, de 6 de noviembre.
d) Ley 31/1995, de 8 de noviembre.

2. La Ley de Prevención de Riesgos laborales, tiene por objeto:

a) Prevenir los accidentes en general.
b) Evitar riesgos en el recorrido al puesto de trabajo.
c) Promover la seguridad y la salud de los trabajadores.
d) Que cada vez haya menos accidentes de tráfico.

3. ¿Qué se entiende por "riesgo laboral"?

a) La posibilidad de que un trabajador sufra un determinado daño derivado del trabajo.
b) La posibilidad de que un trabajador sufra una enfermedad en el trabajo.
c) La posibilidad de que un trabajador sufra acoso.
d) El riesgo que supone el ir a trabajar.

4. Indica cuál es la definición de prevención:

a) La probabilidad racional de que un riesgo se materialice de forma inminente.
b) El estudio de los procesos potencialmente peligrosos para el trabajo.
c) Conjunto de actividades o medidas adoptadas o previstas en todas las fases de actividad de la empresa con el fin de evitar o disminuir los riesgos derivados del trabajo.
d) Posibilidad de que un trabajador sufra un determinado daño derivado del trabajo.

5. Según establece el art. 4 de la Ley 31/1995, de 8 de noviembre, de Prevención de Riesgos Laborales, se define como daños derivados del trabajo:

a) La posibilidad de que un trabajador sufra un determinado daño derivado del trabajo.

b) El que resulte probable racionalmente que se materialice en un futuro inmediato y pueda suponer y pueda suponer un daño grave para la salud de los trabajadores.

c) Las enfermedades, patologías o lesiones sufridas con motivo u ocasión del trabajo.

d) Cualquier máquina, aparato, instrumento o instalación utilizada en el trabajo.

6. Señala la respuesta incorrecta:

a) La Ley de Prevención de Riesgos Laborales se aplica a los operativos de Seguridad civil en casos de catástrofe.

b) La Ley de Prevención de Riesgos Laborales se aplica a las sociedades cooperativas.

c) En el ámbito de la relación laboral de carácter especial del servicio del hogar familiar, las personas trabajadoras tienen derecho a una protección eficaz en materia de seguridad y salud en el trabajo.

d) En los establecimientos penitenciarios, se adaptarán a la Ley de Prevención de Riesgos Laborales aquellas actividades cuyas características justifiquen una regulación especial.

7. Para calificar un riesgo desde el punto de vista de su gravedad, se valorarán conjuntamente la severidad del daño y:

a) La probabilidad de que se produzca.

b) La cantidad de trabajadores de la empresa.

c) La existencia o no de equipos individuales de protección.

d) Las condiciones de trabajo.

8. Con el objetivo de detectar y prevenir posibles situaciones en las que los daños derivados del trabajo puedan aparecer vinculados con el sexo de los trabajadores, las Administraciones Públicas promoverán la efectividad del principio de:

a) Corresponsabilidad.

b) Igualdad entre mujeres y hombres.

c) Discriminación positiva.

d) Protección de la maternidad.

9. Según el artículo 8.2 de la Ley 31/1995, el Instituto Nacional de Seguridad y Salud en el Trabajo, en el marco de sus funciones, velará por la coordinación, apoyará el intercambio de información y las experiencias entre las distintas Administraciones públicas y especialmente fomentará y prestará apoyo a la realización de actividades de promoción de la seguridad y de la salud por las Comunidades Autónomas. Asimismo, prestará, de acuerdo con las Administraciones competentes, apoyo técnico especializado en materia de certificación, ensayo y:

a) Evaluación.

b) Normalización.

c) Divulgación.
d) Acreditación.

10. La regulación de los requisitos mínimos que deben reunir las condiciones de trabajo para la protección de la seguridad y la salud de los trabajadores, corresponde a:

a) Las Cortes Generales.
b) El Gobierno de la nación, previa consulta a las organizaciones sindicales y empresariales más representativas.
c) El Consejo de Gobierno de cada Comunidad Autónoma; por delegación del Consejo de Ministros.
d) Los Convenios Colectivos.

11. La Comisión Nacional de Seguridad y Salud en el Trabajo, está compuesta por:

a) Representantes de las organizaciones sindicales y empresariales.
b) Un representante de cada una de las Comunidades Autónomas y representantes de las organizaciones sindicales y empresariales.
c) Representantes de la Administración y representantes de las organizaciones sindicales y empresariales.
d) Un representante de cada una de las Comunidades Autónomas y por igual número de miembros de la Administración General del Estado y, paritariamente con todos los anteriores, por representantes de las organizaciones empresariales y sindicales más representativas.

12. La función de vigilancia y control de la normativa sobre prevención de riesgos laborales corresponde:

a) A la Dirección General de Personal y Desarrollo Profesional.
b) A la Delegación Provincial de Trabajo.
c) A la Inspección de Trabajo y Seguridad Social.
d) Al Servicio de Medicina Preventiva.

13. Entre los principios de la acción preventiva recogidos por el artículo 15 de la Ley de Prevención de Riesgos Laborales, no figura:

a) Evitar los riesgos.
b) Evaluar los riesgos que se puedan evitar.
c) Tener en cuenta la evolución de la técnica.
d) Dar las debidas instrucciones a los trabajadores.

14. Los instrumentos esenciales para la gestión y aplicación del Plan de prevención de riesgos laborales son

a) La evaluación de riesgos y la planificación de la actividad preventiva.
b) La evaluación inicial de riesgos y la formación.

c) La planificación y la gestión de la actividad preventiva.
d) La identificación y la evaluación de los riesgos.

15. Según la Ley de Prevención de Riesgos Laborales, es obligación de los trabajadores en materia de prevención de riesgos:

a) La protección eficaz en materia de seguridad y salud en el trabajo.
b) Utilizar correctamente los medios y equipos de protección facilitados por el empresario, de acuerdo con las instrucciones recibidas de éste.
c) Soportar el coste de las medidas relativas a la seguridad y la salud en el trabajo.
d) Desarrollar una acción permanente de seguimiento de la actividad preventiva.

16. Cuando los trabajadores estén expuestos a un riesgo grave e inminente con ocasión de su trabajo, y el empresario no adopte o no permita la adopción de las medidas necesarias para garantizar la seguridad y la salud de los trabajadores, la Ley 31/1995, de 8 de noviembre, de Prevención de Riesgos Laborales prevé que:

a) Los trabajadores afectados podrán paralizar la actividad.
b) El órgano de representación del personal instará formalmente al empresario a la adopción de las medidas necesarias.
c) Los Delegados de Prevención lo comunicarán a la autoridad laboral, que adoptará las medidas necesarias.
d) El órgano de representación de personal podrá acordar la paralización de la actividad.

17. El posible cambio de puesto de trabajo con riesgo para una trabajadora embarazada

a) Deberá realizarse en caso de imposibilidad de adaptación del propio puesto.
b) Se hará previo informe en tal sentido del Servicio de Prevención.
c) Se determinará por el empresario, y dará información a los representantes de los trabajadores.
d) Se extenderá al período de lactancia.

18. ¿Cuándo se deben utilizar los equipos de protección individual?:

a) Siempre.
b) Cuando los riesgos no hayan sido evaluados.
c) Cuando los riesgos no se puedan evitar o no puedan limitarse.
d) Cuando el trabajador lo estime oportuno.

19. Según el artículo 19 de la Ley de Prevención de Riesgos Laborales, la formación teórica y práctica en materia preventiva deberá:

a) Impartirse en horario dentro de la jornada de trabajo.
b) Impartirse por igual en jornada de trabajo y fuera del horario de trabajo.

c) Impartirse, siempre que sea posible, dentro de la jornada de trabajo o, en su defecto, en otras horas, pero con el descuento en aquella del tiempo invertido en la misma.

d) La formación teórica siempre debe ser en horario dentro de la jornada de trabajo y la formación práctica puede impartirse tanto dentro como fuera de la jornada de trabajo.

20. Las trabajadoras embarazadas ¿tienen derecho a ausentarse del trabajo para la realización de exámenes prenatales y técnicas de preparación al parto?

a) Sí, con derecho a remuneración, previo aviso al empresario y justificación de la necesidad de su realización dentro de la jornada de trabajo.

b) Sí, con derecho a remuneración, sin necesidad de avisar al empresario ni justificar la necesidad de su realización dentro de la jornada de trabajo.

c) Sí, sin derecho a remuneración, previo aviso al empresario y justificación de la necesidad de su realización dentro de la jornada de trabajo.

d) No, en ningún caso.

En MADTEST tienes **más preguntas de este tema** y todos tus avances quedan registrados y se reflejan en el ranking.

¡Supera tus límites con MADTEST!

Solución al test n.º 10

1. d) Ley 31/1995, de 8 de noviembre.

2. c) Promover la seguridad y la salud de los trabajadores.

3. a) La posibilidad de que un trabajador sufra un determinado daño derivado del trabajo.

4. c) Conjunto de actividades o medidas adoptadas o previstas en todas las fases de actividad de la empresa con el fin de evitar o disminuir los riesgos derivados del trabajo.

5. c) Las enfermedades, patologías o lesiones sufridas con motivo u ocasión del trabajo.

6. a) La Ley de Prevención de Riesgos Laborales se aplica a los operativos de Seguridad civil en casos de catástrofe.

7. a) La probabilidad de que se produzca.

8. b) Igualdad entre mujeres y hombres.

9. d) Acreditación.

10. b) El Gobierno de la nación, previa consulta a las organizaciones sindicales y empresariales más representativas.

11. d) Un representante de cada una de las Comunidades Autónomas y por igual número de miembros de la Administración General del Estado y, paritariamente con todos los anteriores, por representantes de las organizaciones empresariales y sindicales más representativas.

12. c) A la Inspección de Trabajo y Seguridad Social.

13. b) Evaluar los riesgos que se puedan evitar.

14. a) La evaluación de riesgos y la planificación de la actividad preventiva.

15. b) Utilizar correctamente los medios y equipos de protección facilitados por el empresario, de acuerdo con las instrucciones recibidas de éste.

16. d) El órgano de representación de personal podrá acordar la paralización de la actividad.

17. a) Deberá realizarse en caso de imposibilidad de adaptación del propio puesto.

18. c) Cuando los riesgos no se puedan evitar o no puedan limitarse.

19. c) Impartirse, siempre que sea posible, dentro de la jornada de trabajo o, en su defecto, en otras horas, pero con el descuento en aquella del tiempo invertido en la misma.

20. a) Sí, con derecho a remuneración, previo aviso al empresario y justificación de la necesidad de su realización dentro de la jornada de trabajo.

Materia Específica

TEST N.º 11

Salud Laboral: Condiciones físico-ambientales del trabajo, riesgos de naturaleza biológico, químico y físico. Medidas de prevención. Factores de naturaleza psicosocial: Stress, burnout, mobbing. Medidas de prevención

1. ¿Cuál es en España la norma básica que regula en la actualidad la materia de Prevención de Riesgos Laborales?

a) Ley 31/1995, de 8 de noviembre.
b) Ley 13/1990, de 22 de abril.
c) Ley 22/2000, de 12 de diciembre.
d) Ley 14/1998, de 25 de septiembre.

2. La Higiene teórica proveniente de la Higiene en el Trabajo:

a) Se encarga de la identificación cualitativa y cuantitativa de los agentes nocivos.
b) Se encarga de buscar soluciones a los problemas detectados y trata de eliminar todos los riesgos.
c) Se encarga del estudio a través de la investigación en el ámbito de la higiene laboral.
d) Se encarga de estudiar la relación entre dosis de exposición al agente nocivo y la respuesta que este desencadena en el organismo humano.

3. ¿De qué se dice que "es aquel en el que la producción de calor metabólico está en equilibrio con las pérdidas de calor orgánico (por convección e irradiación), las pérdidas de calor respiratorio y la transpiración insensible"?

a) Ambiente térmico fisiológico.
b) Ambiente térmico neutro.
c) Ambiente térmico físico-químico.
d) Nada de lo anterior es cierto.

4. ¿Cuál es la unidad más empleada en medicina del trabajo respecto al ambiente sonoro, si queremos evaluar la existencia o no de contaminación acústica?

a) Lumen.
b) Son.
c) Decibelio.
d) metro/segundo.

5. ¿Qué radiaciones electromagnéticas de estas consideras ionizante?

a) Radiaciones Y e infrarroja.
b) Radiaciones X y gamma.
c) Radiaciones alfa y beta.
d) Radiaciones alfa e infrarroja.

6. ¿Qué medida universal de estas respecto a los riesgos relacionados con la exposición a agentes biológicos durante el trabajo en ambientes hospitalarios es del tipo inmunización activa?

a) Suero frente a hepatitis B.
b) Vacunación frente a hepatitis B.
c) Quimioprofilaxis antivírica.
d) Todo lo anterior es cierto.

7. La esterilización por calor húmedo bajo presión es mediante:

a) Autoclave.
b) Poupinel.
c) Incineración.
d) Flameado.

8. ¿Qué zona corporal es la más dañada por la manipulación de cargas?

a) Espalda (zona dorsolumbar).
b) Tórax.
c) Espalda (zona cervical).
d) Extremidades inferiores.

9. ¿Qué carga no se recomienda que manejen mujeres, trabajadores jóvenes o aquellos de edad avanzada?

a) Cargas superiores a 5 kg.
b) Cargas superiores a 15 kg.
c) Cargas superiores a 25 kg.
d) Cargas superiores a 35 kg.

10. ¿Cuál es el tamaño máximo recomendable de una carga (alto x ancho x profundo, en cm)?

a) 70 x 50 x 50.
b) 60 x 60 x 60.
c) 60 x 60 x 50.
d) 80 x 60 x 60.

11. ¿Qué distancias indicarán las «coordenadas» de la situación espacial de la carga?

a) Distancias H y T.
b) Distancias T y V.
c) Distancias H y S.
d) Distancias H y V.

12. ¿A qué se denomina la disminución de la capacidad física y mental después de realizar un trabajo?

a) Carga mental.
b) Fatiga.
c) Adinamia.
d) Estrés.

13. La carga mental se denomina también:

a) Esfuerzo intelectual.
b) Esfuerzo mental.
c) Carga psíquica.
d) Carga cognitiva.

14. ¿Cómo se llama también el síndrome de quemado o de agotamiento profesional?

a) Mobbing.
b) Burnout.
c) Eustrés.
d) Distrés.

15. La ciencia de la adaptación del trabajo al hombre es:

a) Laborterapia.
b) Ergonomía.
c) Terapia Ocupacional.
d) Ninguna de las anteriores.

16. ¿Qué ergonomía se encarga del estudio de la relación entre el ser humano y las condiciones métricas de su puesto de trabajo en lo relativo a su comodidad y confort estático, tanto en posiciones de pie como sentado, pie-sentado, etc.?

a) Ergonomía geométrica.
b) Ergonomía geográfica.
c) Ergonomía ambiental.
d) Ergonomía temporal.

17. Los esfuerzos repetitivos de las muñecas pueden ocasionar:

a) Tendinitis.
b) Cefaleas.
c) Lumbalgias.
d) Todo lo anterior.

18. ¿Qué riesgo en particular pueden presentar más frecuentemente las cargas de peso en diferentes situaciones cuando es demasiado pesada o demasiado voluminosa?

a) Riesgo craneocervical.
b) Riesgo cervical.
c) Riesgo dorsocervical.
d) Riesgo dorsolumbar.

19. ¿En qué circunstancias el medio de trabajo no aumenta el riesgo, particularmente dorsolumbar?

a) Cuando el espacio libre, especialmente vertical, resulta insuficiente para el ejercicio de la actividad de que se trate.
b) Cuando el suelo es regular.
c) Cuando la situación o el medio de trabajo no permite al trabajador la manipulación manual de cargas a una altura segura.
d) Cuando la situación o el medio de trabajo no permite al trabajador la manipulación manual de cargas en una postura correcta.

20. ¿Qué equipo (EPI) suele emplearse como de uso general a nivel sanitario?

a) Delantales.
b) Guantes de látex.
c) Gafas de seguridad.
d) Viseras.

En MADTEST tienes **más preguntas de este tema** y todos tus avances quedan registrados y se reflejan en el ranking.

¡Supera tus límites con MADTEST!

Solución al test n.º 11

1. a) Ley 31/1995, de 8 de noviembre.

2. d) Se encarga de estudiar la relación entre dosis de exposición al agente nocivo y la respuesta que este desencadena en el organismo humano.

3. b) Ambiente térmico neutro.

4. c) Decibelio.

5. b) Radiaciones X y gamma.

6. b) Vacunación frente a hepatitis B.

7. a) Autoclave.

8. a) Espalda (zona dorsolumbar).

9. b) Cargas superiores a 15 kg.

10. c) 60 x 60 x 50.

11. d) Distancias H y V.

12. b) Fatiga.

13. d) Carga cognitiva.

14. b) Burnout.

15. b) Ergonomía.

16. a) Ergonomía geométrica.

17. a) Tendinitis.

18. d) Riesgo dorsolumbar.

19. b) Cuando el suelo es regular.

20. b) Guantes de látex.

TEST N.º 12

Calidad en el Sistema Nacional de Salud: Concepto, dimensiones y métodos de evaluación de la calidad. Seguridad Clínica: Identificación de eventos adversos. Evitabilidad e impacto. Sistemas de notificación. Gestión de fármacos: caducidades, conservación y almacenamiento

1. Todos los enunciados hacen referencia a la Calidad, pero cuál de ellos implica la ejecución periódica y sistemática de medidas correctoras y la posterior evaluación de lo realizado.

a) Control de calidad.
b) Garantía de calidad.
c) Evaluación de calidad.
d) Normas de calidad.

2. El doctor Avedis Donabedian equipara la atención sanitaria con una línea de producción en la que, a partir de la utilización de unos determinados recursos, se pretende generar salud. ¿Qué aspectos propone que se analicen?

a) Eficacia, eficiencia y efectividad.
b) Estructura, proceso y resultados.
c) Nivel técnico, satisfacción y accesibilidad.
d) Adecuación, continuidad y equidad.

3. ¿En qué apartado del Modelo de Producción propuesto por el doctor Avedis Donabedian se evalúa de forma genérica el conjunto de actividades que los profesionales de la salud realizan con el enfermo, incluyendo habitualmente las respuestas de éste?

a) En el resultado.
b) En el proceso.
c) En la eficacia.
d) En la eficiencia.

4. ¿En qué apartado del Modelo de Producción propuesto por el doctor Avedis Donabedian se valoran las características externas del entorno en que se presta la atención sanitaria?

a) En la accesibilidad.
b) En la estructura.
c) En la adecuación.
d) En los procesos.

5. ¿Cuál de los siguientes enunciados no corresponde con alguno de los atributos que debe tener un indicador para que sea considerado como bueno?

a) Sensibilidad.
b) Fiabilidad.
c) Validez.
d) Eficacia.

6. ¿Qué es un estándar de calidad?

a) La especificación cuantitativa de un criterio.
b) Las condiciones que debe cumplir una estructura, un proceso, o un resultado, para que se le pueda considerar de calidad.
c) Un porcentaje de la valoración numérica que se ha dado al criterio de calidad.
d) Las opciones a) y c) son ciertas.

7. Según la OMS, la definición de Seguridad del paciente es:

a) No solo la ausencia de daño innecesario real asociado a la atención integral.
b) La ausencia de un daño innecesario real o potencial asociado a la atención sanitaria.
c) El conjunto de elementos estructurales, procesos, instrumentos y metodologías basadas en Evidencias científicamente comprobadas que buscan minimizar el riesgo de sufrir un evento adverso en el proceso de atención de salud.
d) Todas son correctas.

8. Una lesión no intencionada que se relaciona con el proceso asistencial más que con el estado patológico del paciente, es denominado:

a) Riesgo.
b) Efecto adverso.
c) Peligro.
d) Causa contribuyente.

9. Cita cuál es una causa por la que se puede producir un evento adverso:

a) Por error humano.
b) Por fallos en el sistema.
c) Por agentes externos a la organización.
d) Todas son correctas.

10. La teoría del error humano planteada a través del modelo defensivo del "queso suizo" tiene como autor:

a) Peterson.
b) Reason.
c) Lenninger.
d) Frost.

11. Los errores humanos pos causas involuntarias, pueden ser por:

a) Despiste.
b) Desliz.
c) Lapsus.
d) Todas son correctas.

12. ¿Qué tipo de error humano se produce por fallos de la memoria?

a) Desliz.
b) Despiste.
c) Lapsus.
d) Todos ellos.

13. ¿Qué tipo de error se produce por incumplimiento de normas o procedimientos de seguridad de forma intencionada?

a) Equivocación.
b) Sabotaje.
c) Violación.
d) Negligencia.

14. El modelo del "queso suizo":

a) Explica un accidente como la "superposición o coincidencia de fallas en diferentes niveles de la organización en un mismo momento.
b) En este modelo se representan, como lonchas de queso, las barreras o defensas del sistema sanitario para reducir los riesgos o peligros de las actividades sanitarias y evitar la aparición de un efecto adverso en el paciente.
c) Sus agujeros representan sus imperfecciones.
d) Todas son correctas.

15. Cualquier situación no deseable o factor que pueda contribuir a aumentar la probabilidad de que se produzca, que está en relación con la atención sanitaria recibida y que puede tener consecuencias para la salud del paciente, se denomina:

a) Efecto terapéutico.
b) Peligro.

c) Riesgo.
d) Error.

16. ¿Cuál es el orden lógico para llevar a cabo un ACR?

a) Detección del hecho y búsqueda del responsable.
b) Organización del equipo, detección de los incidentes, recogida de la información, realización del mapa de los hechos, análisis y plan de acción.
c) Detección del hecho, búsqueda del responsable, recopilación de la información, búsqueda de la causa y acciones de mejora.
d) Ninguna es correcta.

17. ¿Cuál de los siguientes se considera un error de medicación?

a) Usar la vía oral para un fármaco intramuscular.
b) Retrasar la administración de una dosis.
c) No valorar las interacciones con otros fármacos.
d) Todas ellas son consideran errores de medicación.

18. Una de las siguientes NO es una característica del AMFE. Identifícala:

a) Es un análisis sistemático.
b) Es un análisis esporádico.
c) Es un análisis participativo.
d) Permite la priorización.

19. En la fase del ACR "Descripción del suceso" se debe incluir:

a) Descripción de lo sucedido.
b) Descripción de dónde y cuándo ocurrió el evento.
c) Las características del paciente y los profesionales relacionados con el evento.
d) Todas son correctas.

20. La temperatura de conservación de los medicamentos termolábiles debe estar comprendida entre:

a) (-2)-1 ºC.
b) 2-8 ºC.
c) 6-10 ºC.
d) 8-14 ºC.

En MADTEST tienes **más preguntas de este tema** y todos tus avances quedan registrados y se reflejan en el ranking.

¡Supera tus límites con MADTEST!

Solución al test n.º 12

1. b) Garantía de calidad.

2. b) Estructura, proceso y resultados.

3. b) En el proceso.

4. b) En la estructura.

5. d) Eficacia.

6. d) Las opciones a) y c) son ciertas.

7. d) Todas son correctas.

8. b) Efecto adverso.

9. d) Todas son correctas.

10. b) Reason.

11. d) Todas son correctas.

12. c) Lapsus.

13. c) Violación.

14. d) Todas son correctas.

15. c) Riesgo.

16. b) Organización del equipo, detección de los incidentes, recogida de la información, realización del mapa de los hechos, análisis y plan de acción.

17. d) Todas ellas son consideran errores de medicación.

18. b) Es un análisis esporádico.

19. d) Todas son correctas.

20. b) 2-8 ºC.

TEST N.º 13

Gestión de residuos sanitarios en la Comunidad Autónoma de Aragón: Definición, clasificación, recogida, envasado, etiquetado, eliminación, transporte, almacenamiento y tratamiento

1. ¿Cuál de estas sustancias no entra en la categoría de biorresiduos?

a) Residuos biodegradables de jardines y parques.
b) Residuos alimenticios y de cocina procedente de hogares.
c) Residuos provenientes de aceites minerales o sintéticos, industriales o de lubricación, que hayan dejado de ser aptos para su empleo originalmente previsto.
d) Residuos alimenticios y de cocina procedentes de servicios de restauración colectiva y establecimientos de venta al por menor.

2. El residuo con la sigla H14 es:

a) Sensibilizante.
b) Mutagénico.
c) Ecotóxico.
d) Corrosivo.

3. ¿Con qué siglas se denominan a las sustancias y los preparados que por inhalación, ingestión o penetración cutánea pueden producir cáncer o aumentar su frecuencia?

a) H6.
b) H7.
c) H8.
d) H9.

4. ¿A qué grupo pertenecen los residuos sanitarios no específicos?

a) I.
b) II.
c) III.
d) IV.

5. ¿A qué o a quiénes pueden afectar la gestión de residuos sanitarios?

a) Al ambiente.
b) A los trabajadores que lo gestionen.
c) A la Salud Pública.
d) A todo lo anterior.

6. ¿Qué se entiende por reciclado?

a) Es la operación de valorización consistente en la comprobación, limpieza o reparación, mediante la cual productos o componentes de productos que se hayan convertido en residuos se preparan para que puedan reutilizarse sin ninguna otra transformación previa.

b) Es cualquier operación mediante la cual productos o componentes de productos que no sean residuos se utilizan de nuevo con la misma finalidad para la que fueron concebidos.

c) Es cualquier operación que no sea la valorización, incluso cuando la operación tenga como consecuencia secundaria el aprovechamiento de sustancias o energía.

d) Es toda operación de valorización mediante la cual los materiales de residuos son transformados de nuevo en productos, materiales o sustancias, tanto si es con la finalidad original como con cualquier otra finalidad.

7. Los residuos químicos pertenecen a la categoría o grupo:

a) IV.
b) V.
c) VI.
d) VII.

8. Las vacunas atenuadas entran dentro del grupo de residuos específicos de riesgo (peligrosos) en la modalidad de residuos:

a) Anatómicos humanos.
b) Sanitarios infecciosos.
c) De sangre y hemoderivados en forma líquida.
d) Material cortante y punzante.

9. ¿A qué grupo de residuos pertenecen aquellos que se generan fuera de la actividad asistencial sanitaria y no precisan medidas especiales en su gestión como: restos de comidas, alimentos y condimentos que se generen en cocinas, plantas de hospitalización, comedores, etc.:

a) Residuos sanitarios asimilables a urbanos.
b) Residuos urbanos generados en centros sanitarios.

c) Residuos humanos.
d) Residuos peligrosos.

10. ¿En qué grupo de residuos incluirías muestras biológicas cuyo riesgo de infección está limitado al interior de los centros sanitarios y que no están incluidos en el grupo de residuos peligrosos?

a) Residuos sanitarios asimilables a urbanos.
b) Residuos urbanos generados en centros sanitarios.
c) Residuos específicos de riesgo.
d) Ninguno de los anteriores.

11. ¿En qué grupo de residuos ubicarías el material contaminado con: sangre, LCR y tejidos de infectividad alta, capaz de producir la enfermedad infecciosa conocida con el nombre de Encefalitis de Creutzfeldt-Jacob? Residuos de la categoría o grupo:

a) II.
b) III.
c) I.
d) IV.

12. ¿Quién debe dar la autorización previa del procedimiento a seguir de eliminación de residuos sanitarios no contemplados en el Decreto 29/1995 de la Comunidad Autónoma de Aragón (modificado por Decreto 52/1998)?

a) El Departamento de Medio Ambiente.
b) Gobierno de la Comunidad.
c) Consejería de Salud.
d) Consejería de Industria.

13. ¿Qué residuos requieren generalmente de neutralizantes químicos?

a) Citostáticos.
b) Radiactivo.
c) Infecciosos.
d) Urbanos.

14. ¿Cuál la empresa pública autorizada en manipulación y tratamiento de residuos radiactivos?

a) CSN.
b) ENRESA.
c) CIEMAT.
d) UNSCEAR.

15. ¿A qué grupo pertenecen los residuos humanos como cadáveres, abortos, restos quirúrgicos... que regulados por el Reglamento de Policía Sanitaria Mortuoria (decreto 2263/1974)?

a) V.
b) IV.
c) VI.
d) III.

16. ¿Cómo se denomina la gestión de residuos que se lleva a cabo específicamente en los Centros Sanitarios?

a) Extracentro.
b) Intracentro.
c) Hospitalaria.
d) Extrahospitalaria.

17. ¿Qué color poseerá la bolsa de segregación de los residuos pertenecientes al grupo II?

a) Blanca.
b) Amarilla.
c) Negra.
d) Verde.

18. El almacén central de residuos sanitarios de un centro sin sistema de refrigeración, podrá contener los residuos generados por un período máximo de:

a) Las 12 horas.
b) Las 24 horas.
c) Las 72 horas.
d) La semana.

19. ¿Mediante que normativa se regulan la gestión de los Residuos Sanitarios en Aragón? Mediante:

a) Decreto 460/1997.
b) Real Decreto 833/1988.
c) Real Decreto 975/2009.
d) Decreto 29/1995.

20. ¿A qué tipo de residuo se refiere el Decreto 29/1995, de 21 febrero de la Comunidad Autónoma de Aragón?

a) Ganadero.
b) Agrícola.
c) Sanitario.
d) Industrial.

Solución al test n.º 13

1. c) Residuos provenientes de aceites minerales o sintéticos, industriales o de lubricación, que hayan dejado de ser aptos para su empleo originalmente previsto.

2. c) Ecotóxico.

3. b) H7.

4. b) II.

5. d) A todo lo anterior.

6. d) Es toda operación de valorización mediante la cual los materiales de residuos son transformados de nuevo en productos, materiales o sustancias, tanto si es con la finalidad original como con cualquier otra finalidad.

7. b) V.

8. b) Sanitarios infecciosos.

9. b) Residuos urbanos generados en centros sanitarios.

10. a) Residuos sanitarios asimilables a urbanos.

11. b) III.

12. a) El Departamento de Medio Ambiente.

13. a) Citostáticos.

14. b) ENRESA.

15. b) IV.

16. b) Intracentro.

17. d) Verde.

18. c) Las 72 horas.

19. d) Decreto 29/1995.

20. c) Sanitario.

TEST N.º 14

Procedimiento de recogida y transporte de muestras biológicas: Concepto y tipos de muestras biológicas. Obtención, manipulación, transporte y conservación de muestras

1. ¿Qué tipo de envase se emplea para recoger la muestra resultante de una punción capilar?

a) Frascos de boca estrecha.
b) Hisopos.
c) Frascos de llenado por vacío.
d) Microtubos.

2. ¿Qué procedimiento de toma de muestra se emplea más habitualmente cuando estas se llevan a cabo tanto en orificios naturales como en heridas?

a) Mediante frasco de boca ancha.
b) Mediante hisopo.
c) Mediante bolsa de recogida de orina o análogo.
d) Mediante frasco de boca estrecha.

3. ¿Qué medio evita la desecación y muerte de los microorganismos recogidos con un hisopo estéril?

a) El medio de Schwann.
b) El medio de Petri.
c) El medio de Stuart.
d) El medio de Lindor.

4. ¿Qué se puede hacer para evitar una excesiva proliferación bacteriana en una toma de muestra y que así no se altere sustancialmente su resultado analítico?

a) Realizarla con premura, ya que no admite demora.
b) Refrigerando la muestra en los casos necesarios.

c) No se suele hacer nada en particular.
d) Son ciertas las respuestas a) y b).

5. ¿Qué se debe identificar y comprobar antes de los procedimientos de toma de muestra?

a) Usuario al que se le van a realizar los procedimientos.
b) Impresos y protocolos de petición analítica.
c) Requerimientos y preparación previa del paciente.
d) Todo lo anterior.

6. En la fase preanalítica de la muestra de sangre, se da hemodilución si coexiste:

a) Hipovolemia y oligosistemia.
b) Hipovolemia e hipersistemia.
c) Hipervolemia y oligosistemia.
d) Hipervolemia e hipersistemia.

7. Generalmente un hemocultivo se acompaña de:

a) Urocultivo.
b) Coprocultivo.
c) Antibiograma.
d) Todo lo anterior.

8 ¿Qué aditivos poseen las muestras biológicas sanguíneas en las que el tubo posee tapón azul?

a) Gel.
b) Citrato de sodio.
c) Oxalato potásico.
d) ACD.

9. El personal que realiza la técnica de extracción de sangre venosa es:

a) El facultativo.
b) El hematólogo.
c) El diplomado de enfermería.
d) El auxiliar de enfermería.

10. ¿Qué anticoagulante se emplea más habitualmente en los útiles y frascos empleados para las tomas de muestras sanguíneas, esencialmente empleadas en gasometría arterial?

a) Heparina.
b) Penicilina.

c) Metotrexate.
d) Clorhídrico.

11. ¿A qué puede deberse la presencia de una orina de coloración negra o marrón oscura en una muestra?

a) A sangre oculta.
b) A metahemoglobina o melanina o enfermo alcaptonúrico.
c) A carboxihemoglobina o melatonina o enfermo de patología de Harnup.
d) A oxihemoglobina o melatonina.

12. ¿Cómo se denomina el estudio microbiológico de heces mediante cultivo?

a) Hemocultivo.
b) Urocultivo.
c) Coprocultivo.
d) Cultivo de Hiss.

13. ¿Qué no debe tomarse o comer durante días previos a un estudio de sangre oculta en heces para realizar adecuadamente el procedimiento de toma de muestra de la misma?

a) Aspirina.
b) Alimentos picantes.
c) Tomates y rábanos.
d) No debe tomarse nada de lo anterior.

14. Respecto a la toma de muestra de esputos todo lo que se expone es cierto, excepto que:

a) Se puede evitar la contaminación de la muestra recomendando al enfermo que se lave la boca con solución salina o agua templada antes de proceder a la recogida.
b) Se puede evitar la contaminación de la muestra tomando antiséptico justo antes de la toma de muestra.
c) La toma de muestra posee gran facilidad de contaminación por la flora orofaríngea.
d) Si es difícil conseguir que el enfermo expectore, se le puede ayudar colocándole en la posición más adecuada para el drenaje.

15. ¿Qué forma es la más correcta de obtener la muestra en heridas con exudados y pus, para su posterior estudio?

a) Mediante gasas hipoalérgicas.
b) Mediante parches adhesivos.
c) Mediante aspirado con aguja y jeringa.
d) Mediante escopia cutánea.

16. ¿En qué circunstancias la presión del LCR estará disminuida?

a) Infarto cerebral.
b) Tumor o quiste intracraneal.
c) Deshidratación.
d) Hematoma subdural.

17. ¿Qué procedimiento se llevará a cabo en la toma de muestra de secreciones de senos paranasales?

a) Mediante hisopo.
b) Mediante torunda.
c) Mediante punción del seno.
d) Mediante aspirado transtraqueal.

18. Ante la sospecha en piel de infección por hongo, la toma de muestra se efectuará mediante:

a) Aspiración.
b) Uso de hisopo.
c) Raspado con bisturí o lanceta.
d) Uso de torunda húmeda.

19. Si es por lesión del lecho ungueal para la muestra de uña se utilizará:

a) Frasco de boca ancha.
b) Hisopo.
c) Frasco de boca mediana.
d) Frasco de boca estrecha.

20. ¿Cómo se toma la muestra en cabello ante la sospecha de micosis?

a) Arrancado de varios pelos con pinzas y guardado en recipiente estéril.
b) Uso de hisopo.
c) Raspado con bisturí o lanceta.
d) Uso de torunda húmeda.

En MADTEST tienes **más preguntas de este tema** y todos tus avances quedan registrados y se reflejan en el ranking.

¡Supera tus límites con MADTEST!

Solución al test n.º 14

1. d) Microtubos.

2. b) Mediante hisopo.

3. c) El medio de Stuart.

4. d) Son ciertas las respuestas a) y b).

5. d) Todo lo anterior.

6. c) Hipervolemia y oligosistemia.

7. c) Antibiograma.

8. b) Citrato de sodio.

9. c) El diplomado de enfermería.

10. a) Heparina.

11. b) A metahemoglobina o melanina o enfermo alcaptonúrico.

12. c) Coprocultivo.

13. d) No debe tomarse nada de lo anterior.

14. b) Se puede evitar la contaminación de la muestra tomando antiséptico justo antes de la toma de muestra.

15. c) Mediante aspirado con aguja y jeringa.

16. c) Deshidratación.

17. c) Mediante punción del seno.

18. c) Raspado con bisturí o lanceta.

19. b) Hisopo.

20. a) Arrancado de varios pelos con pinzas y guardado en recipiente estéril.

Trabajo en equipo: Concepto, características e importancia del trabajo en equipo. Funciones del Técnico en cuidados auxiliares de enfermería dentro del equipo asistencial. Secreto profesional. Comunicación: Concepto, tipos y estilos. Factores y barreras que influyen en la comunicación. Relación de ayuda al paciente y al cuidador principal. Empatía y escucha activa

1. Cuando un Técnico en Cuidados Auxiliares de Enfermería se comunica con el paciente, trata de compartir adecuadamente todo lo que se expone, excepto:

a) Informaciones e ideas.
b) Actitudes.
c) Sentimientos.
d) Asuntos personales de trascendencia del técnico.

2. Al individuo que habla, gesticula, escribe, pinta, etc., en la comunicación, se le denomina:

a) Mensajero.
b) Fuente.
c) Receptor.
d) Destino.

3. La comunicación que emplea el código dibujos es:

a) Lingüística escrita.
b) Lingüística visual.
c) No lingüística visual.
d) No lingüística gestual.

4. ¿Qué área o aspecto debe recoger (según el Defensor del pueblo) la humanización de los comportamientos, de las conductas recíprocas en las relaciones entre los enfermos, los médicos y cuantos cooperan a la protección de la salud?

a) El aspecto ético.
b) El aspecto estético.

c) El aspecto profesional.
d) El aspecto laboral.

5. ¿A qué se denomina el método que permite a una persona hacer comprensible a otra cualquier idea o hecho que se le quiere transmitir?

a) Comunicación.
b) Transmisión.
c) Explicación o charla.
d) Transferencia.

6. ¿Qué aspecto de la comunicación se debe dar para hablar correctamente, con lógica y precisión?

a) Apropiado léxico.
b) Respeto en la comunicación (saber escuchar).
c) Adecuada expresión.
d) Atención y escucha activa.

7. ¿A qué se denomina el proceso mediante el cual las personas interpretan y organizan la información con la finalidad de darle significado y comprensión a su mundo?

a) Sensación.
b) Percepción.
c) Racionalidad.
d) Acción.

8. ¿Cuál es el objetivo en la relación interpersonal TCAE/paciente/familiar?

a) La salud.
b) La eficiencia profesional.
c) La ayuda.
d) La eficacia profesional.

9. Cuando una relación interpersonal se desarrolla en un régimen de igualdad se dice que es de:

a) Compañerismo.
b) Equilibrada.
c) Empática.
d) Son ciertas las respuestas b) y c).

10. ¿Qué habilidades o destrezas se deben poseer en una adecuada relación interpersonal?

a) Habilidad para solucionar conflictos.
b) Habilidad para expresarse de manera honesta y auténtica.

c) Habilidad para comunicarse clara y directamente, así como para escuchar atentamente.
d) Deben poseerse todas las anteriores.

11. ¿En qué pilares ha de basarse la relación interpersonal?

a) Compromiso, objetivo común y desinterés.
b) Sinceridad, confianza y respeto.
c) Cooperación, dominación y aislamiento.
d) Confianza, creatividad, compromisos renovados y respeto mutuo.

12. ¿Qué componente de la actitud es aquel formado por la idea, el conocimiento o la creencia que se posee de una persona, objeto o hecho?

a) Componente afectivo.
b) Componente conductual.
c) Componente cognoscitivo.
d) Componente físico.

13. ¿En qué componentes de las actitudes, según el modelo de McGill, se deben sustentar el apoyo y la ayuda a la persona enferma, y por ello en su formación?

a) Habilidades sociales y componente conductual de la actitud.
b) Componente físico y conductual de la actitud.
c) Componente afectivo, cognoscitivo y conductual de la actitud.
d) Componente físico, afectivo, cognoscitivo y conductual de la actitud.

14. El funcionamiento objetivo de un equipo de trabajo debe reunir todas estas características excepto:

a) Determinación del fin a obtener de modo transparente.
b) El fin a obtener debe ser conocido por todos sus miembros.
c) Descripción de soluciones mediante la utilización de las sugerencias y soluciones expuestas por los miembros.
d) Ejecución del objetivo, exclusivamente a través del líder o superior.

15. En la organización de los grupos de trabajo:

a) Prima la jerarquía.
b) No existe responsable del grupo.
c) La jerarquía es mediana, pero importante.
d) Todas las categorías laborales funcionan con igualdad.

16. En un equipo de trabajo:

a) Su organización es muy jerárquica.
b) Cada miembro puede tener una manera particular de funcionar.

c) Es necesario que posean todos sus miembros la misma profesión.
d) Es necesaria la coordinación.

17. ¿Qué se define como la integración de elementos que da como resultado algo más grande que la simple suma de estos?

a) Antagonismo.
b) Coordinación.
c) Indiferencia.
d) Sinergia.

18. ¿Qué función no ejercerán los Técnicos en Cuidados Auxiliares de Enfermería?

a) Llevar las cuñas a los enfermos y retirarlas, teniendo cuidado de su limpieza.
b) Realizar la limpieza de los carros de cura y de su material.
c) Colaborará en la administración de medicamentos por vía oral, rectal y parenteral.
d) Realizarán todas las funciones señaladas anteriormente.

19. Está obligado a guardar secreto profesional:

a) El médico especialista.
b) El médico y el técnico especialista.
c) Todos los que intervengan en la acción sanitaria del paciente.
d) El médico, el técnico especialista, el enfermero y el TCAE.

20. El tiempo de vigencia del secreto profesional es hasta:

a) La duración de la relación con el paciente.
b) Toda la vida del paciente.
c) Los tres meses después de la relación con el paciente.
d) Incluso hasta después de la muerte del paciente.

Solución al test n.º 15

1. d) Asuntos personales de trascendencia del técnico.

2. b) Fuente.

3. c) No lingüística visual.

4. a) El aspecto ético.

5. c) Explicación o charla.

6. c) Adecuada expresión.

7. b) Percepción.

8. c) La ayuda.

9. a) Compañerismo.

10. d) Deben poseerse todas las anteriores.

11. b) Sinceridad, confianza y respeto.

12. c) Componente cognoscitivo.

13. c) Componente afectivo, cognoscitivo y conductual de la actitud.

14. d) Ejecución del objetivo, exclusivamente a través del líder o superior.

15. a) Prima la jerarquía.

16. d) Es necesaria la coordinación.

17. d) Sinergia.

18. c) Colaborará en la administración de medicamentos por vía oral, rectal y parenteral.

19. c) Todos los que intervengan en la acción sanitaria del paciente.

20. d) Incluso hasta después de la muerte del paciente.

Infección nosocomial: Definición, consecuencias, cadena epidemiológica y barreras higiénicas. Actuación del Técnico en cuidados Auxiliares de Enfermería ante enfermedades infecciosas: Descripción de medidas y tipos de aislamiento

1. La persona con capacidad padecer una enfermedad infecciosa se denomina técnicamente:

a) Portador enfermo.
b) Portador sano o asintomático.
c) Huésped susceptible.
d) Huésped refractario.

2. La Epidemiología de las enfermedades transmisibles estudia los factores que van a relacionar el agente causal con…

a) El portador.
b) El ambiente.
c) El sujeto o huésped susceptible.
d) El reservorio.

3. ¿Cuál de estas afirmaciones no es correcta respecto a los postulados de Koch?

a) Siempre debemos encontrar el microorganismo en la enfermedad.
b) Se debe aislar, pero no se cultiva desde las lesiones.
c) Se reproduce la enfermedad al inocular un cultivo puro a un animal susceptible.
d) El microorganismo debe dar lugar a una respuesta inmune detectable en laboratorio.

4. ¿Cómo se denomina la relación de interacción entre agente causal y huésped cuando existe beneficio para el agente o el huésped, pero sin perjuicio para el otro?

a) Saprofitismo.
b) Simbiosis.

c) Parasitismo.

d) Comensalismo.

5. ¿Cómo se denomina la capacidad del agente etiológico para extenderse?

a) Contagiosidad.

b) Infectividad.

c) Patogenicidad.

d) Virulencia.

6. Generalmente la fuente de la enfermedad transmisible suele ser la misma que:

a) El reservorio.

b) El portador sano.

c) El huésped susceptible.

d) El huésped refractario.

7. El suelo en la cadena epidemiológica se comporta como:

a) Reservorio exclusivamente.

b) Mecanismo de transmisión exclusivamente.

c) Reservorio o mecanismo de transmisión.

d) Huésped refractario o vía de contagio.

8. ¿A qué hace referencia la definición: "Todo ser animado o inanimado, en los que el agente etiológico se reproduce y se perpetúa en un ambiente natural del que depende para su supervivencia"?

a) Reservorio.

b) Fuente de infección.

c) Fuente de contagio.

d) Fuente adicional.

9. ¿Qué es la tasa de prevalencia?

a) Nº de personas portadoras en un período/nº de personas observadas en el período x meses de observación.

b) Nº de casos positivos/personas totales en un período específico.

c) Nº de casos negativos/nº de análisis realizados.

d) Ninguna es correcta.

10. ¿Cuál de estas opciones no es un mecanismo de transmisión indirecta de una enfermedad?

a) Por el aire.

b) Por arañazos.

c) Baños.

d) Artrópodos.

11. Existe reservorio telúrico cuando existe transmisión al hombre por medio de:

a) El suelo.
b) El agua.
c) Fómites.
d) Todo lo anterior es cierto.

12. ¿Cuál es la distancia mínima para que se produzca una transmisión directa de una infección por vía aérea, aunque propiamente no exista contacto directo?

a) 1 metro.
b) 2 metros.
c) 3 metros.
d) 4 metros.

13. ¿Qué vía de transmisión de estas es la más frecuente?

a) Transplacentaria.
b) Por bebida de fuente contaminada o comida contaminada.
c) Por vía aérea.
d) Por vía venérea.

14. ¿Cuál es el último eslabón de la cadena epidemiológica?

a) Huésped susceptible (con capacidad de enfermar).
b) Huésped refractario (sin capacidad de enfermar).
c) Fuente.
d) Vector.

15. ¿Qué afirmación es incorrecta en relación a las infecciones relacionadas con la asistencia sanitaria (IRAS)?

a) Son una causa mayor de mortalidad y de sufrimiento para los pacientes.
b) Son fáciles de tratar, a pesar de estar causadas por bacterias multirresistentes (BMR).
c) Incluyen a la infección nosocomial clásica, más las infecciones adquiridas por pacientes de la comunidad en contacto con la asistencia sanitaria.
d) Generan gran frustración a los profesionales sanitarios e incremento de forma considerable el gasto económico.

16. ¿Qué Servicio o Unidad de Hospitalización presenta la mayor prevalencia de infecciones hospitalarias?

a) UCI.
b) Rehabilitación.
c) Cardiología.
d) Consultas Externas.

17. ¿Cómo se denomina la infección causada por microorganismos pertenecientes a la propia flora comensal del paciente?

a) Exógena.
b) Ecológica.
c) Endógena.
d) Es imposible que esta se dé.

18. ¿A qué se asocia en mayor porcentaje el origen de las infecciones urinarias de tipo nosocomial? Se asocia a…

a) Heridas durante el esfuerzo de orinar.
b) Contactos directos del personal de enfermería con el paciente.
c) Manipulaciones instrumentales de las vías urinarias (sondaje vesical).
d) Fómites del cuarto de aseo del paciente.

19. ¿Cuál es la principal medida preventiva para evitar las infecciones cruzadas en el hospital?

a) Lavado de mano quirúrgico.
b) Lavado de mano higiénico.
c) Lavado de mano especial.
d) Lavado de mano antiséptico.

20. ¿Qué medida no es preventiva de las infecciones respiratorias de tipo nosocomial?

a) Esterilizar los broncoscopios cada vez que se utilicen.
b) Utilizar tubos endotraqueales estériles y desechables.
c) Realizar traqueotomías con frecuencia.
d) Favorecer los tratamientos posturales y hacer fisioterapia respiratoria, motivando al paciente para que aproveche al máximo su capacidad pulmonar.

En MADTEST tienes **más preguntas de este tema** y todos tus avances quedan registrados y se reflejan en el ranking.

¡Supera tus límites con MADTEST!

Solución al test n.º 16

1. c) Huésped susceptible.

2. c) El sujeto o huésped susceptible.

3. b) Se debe aislar, pero no se cultiva desde las lesiones.

4. d) Comensalismo.

5. a) Contagiosidad.

6. a) El reservorio.

7. c) Reservorio o mecanismo de transmisión.

8. a) Reservorio.

9. b) N° de casos positivos/personas totales en un período específico.

10. b) Por arañazos.

11. d) Todo lo anterior es cierto.

12. a) 1 metro.

13. c) Por vía aérea.

14. a) Huésped susceptible (con capacidad de enfermar).

15. b) Son fáciles de tratar, a pesar de estar causadas por bacterias multirresistentes (BMR).

16. a) UCI.

17. c) Endógena.

18. c) Manipulaciones instrumentales de las vías urinarias (sondaje vesical).

19. b) Lavado de mano higiénico.

20. c) Realizar traqueotomías con frecuencia.

**Limpieza, desinfección, asepsia y antisepsia. Desinfectantes
y antisépticos: Tipos y mecanismos de acción. El servicio de esterilización.
Concepto y métodos. Preparación y tipos de material a esterilizar.
Tipos de controles de esterilización. Control de calidad.
Manipulación y conservación del material estéril**

1. ¿Qué tipo de agentes utiliza más frecuentemente la asepsia para conseguir matar y eliminar los microorganismos?

a) Agentes mecánicos.
b) Agentes físicos.
c) Agentes biológicos.
d) Agentes químicos.

2. El material estéril:

a) No posee ningún tipo de microorganismo patógeno.
b) No posee gérmenes tipo virus, bacterias y hongos.
c) No posee ningún tipo de microorganismo patógeno, ni microorganismo no patógeno, e incluso ni siquiera sus formas de resistencia.
d) No posee ningún tipo de microorganismo patógeno y no patógeno.

3. ¿Qué termino es sinónimo de antisepsia en la práctica?

a) Descontaminación.
b) Desinfección.
c) Esterilización.
d) Desinfestación.

4. ¿Cómo se denomina al conjunto de técnicas destinadas a la eliminación de los artrópodos?

a) Desinsectación.
b) Desinfección.

c) Esterilización.
d) Desinfestación.

5. ¿Qué insecticidas en la práctica se consideran los más importantes?

a) Asfixiantes.
b) Fumigantes.
c) Repelentes.
d) Por contacto.

6. ¿A qué grupo de insecticidas pertenece el famoso DDT?

a) Asfixiantes.
b) Fumigantes.
c) Repelentes.
d) Por contacto.

7. ¿Dónde incluirías a la aguja de Reverdin en la clasificación del instrumental quirúrgico?

a) En instrumental de Hemostasia.
b) En instrumental de sutura.
c) En instrumental de disección.
d) En instrumental de corte.

8. Dentro de la clasificación de bisturíes entra:

a) Tijeras para suturas.
b) Pinzas de Kelly.
c) Las lancetas.
d) Catgut.

9. Las pinzas utilizadas para hemostasia de menor tamaño son:

a) Pean.
b) Kelly.
c) Kocher.
d) Mosquito.

10. El instrumental quirúrgico de síntesis es el instrumental:

a) De talla o campo.
b) De sutura.
c) De hemostasia.
d) De exposición.

11. ¿Mediante qué procedimiento hoy día en los autoclaves modernos se comprueban las condiciones físicas de los aparatos?

a) Mediante impresión de los registros o gráfico directo de los registros de presión, tiempo y temperatura.
b) Mediante sensor térmico.
c) Mediante sensor de presión.
d) Mediante sensor de variables.

12. ¿Cuál de estos métodos de control no corresponde a controles físicos?

a) Los termómetros.
b) Los manómetros.
c) Los tubos testigos.
d) Los medidores de humedad.

13. ¿Dónde se colocan los indicadores colorimétricos como medio de control químico esencialmente térmico que comprueban si la esterilización ha funcionado?

a) Se colocan dentro del paquete a esterilizar y en zonas del interior del autoclave de difícil acceso.
b) Se colocan en el exterior en forma de cinta autoadhesiva y en zonas del interior del autoclave de difícil acceso.
c) Se colocan en el exterior en forma de cinta autoadhesiva y dentro del paquete.
d) Se colocan en el exterior en forma de cinta autoadhesiva, dentro del paquete y en zonas del interior del autoclave de difícil acceso.

14. ¿Qué técnicas de medio de control químico (testigo) se realizan en esterilización?

a) Técnicas azufradas.
b) Técnicas colorimétricas.
c) Técnicas olorimétricas.
d) Las respuestas a) y c) son correctas.

15. ¿De qué depende el período que dura una esterilización?

a) Depende del tipo de control biológico realizado y del tipo de envoltorio empleado.
b) Depende del tipo de envoltorio utilizado y del medio de transporte empleado.
c) Depende del tipo de envoltorio utilizado, de las condiciones de almacenamiento, del tipo de material, y del transporte empleado, entre otros.
d) Depende del tipo de control físico, químico y biológico realizado.

16. ¿Qué se emplea para el transporte del material esterilizado si es voluminoso?

a) Se utilizan grúas especiales.
b) Se utilizan carretillas abiertas.
c) Se utilizan bolsas de plástico cerradas.
d) Se utilizan carros herméticos.

17. El material esterilizado que se vaya a almacenar en las plantas debe ser utilizado en:

a) 6-12 horas.
b) 24-48 horas.
c) 48-72 horas.
d) 72-96 horas.

18. ¿Cuál es el tiempo de caducidad del material esterilizado dentro de las bolsas o papel mixto envasado doble y empleado para autoclaves?

a) De 3 meses.
b) De 6 meses.
c) De 9 meses.
d) De 12 meses.

19. ¿Cuál es el tiempo de caducidad del material esterilizado en las condiciones de triple barrera?

a) 1 mes.
b) 2 meses.
c) 3 meses.
d) 6 meses.

20. ¿Cuál es el tiempo de caducidad del material esterilizado dentro de los contenedores con protección de filtro?

a) 1 mes.
b) 2 meses.
c) 3 meses.
d) 6 meses.

En MADTEST tienes **más preguntas de este tema** y todos tus avances quedan registrados y se reflejan en el ranking.

¡Supera tus límites con MADTEST!

Solución al test n.º 17

1. b) Agentes físicos.

2. c) No posee ningún tipo de microorganismo patógeno, ni microorganismo no patógeno, e incluso ni siquiera sus formas de resistencia.

3. b) Desinfección.

4. a) Desinsectación.

5. d) Por contacto.

6. d) Por contacto.

7. b) En instrumental de sutura.

8. c) Las lancetas.

9. d) Mosquito.

10. b) De sutura.

11. a) Mediante impresión de los registros o gráfico directo de los registros de presión, tiempo y temperatura.

12. c) Los tubos testigos.

13. d) Se colocan en el exterior en forma de cinta autoadhesiva, dentro del paquete y en zonas del interior del autoclave de difícil acceso.

14. b) Técnicas colorimétricas.

15. c) Depende del tipo de envoltorio utilizado, de las condiciones de almacenamiento, del tipo de material, y del transporte empleado, entre otros.

16. d) Se utilizan carros herméticos.

17. b) 24-48 horas.

18. d) De 12 meses.

19. c) 3 meses.

20. d) 6 meses.

Concepto de alimentación y nutrición. Clasificación de los alimentos. Dietas: Concepto y tipos. Nutrición enteral y parenteral: Concepto, vías y métodos de administración. Precaución y complicaciones. Registro de actividades

1. ¿A qué se denomina la forma y manera de proporcionar al organismo los alimentos que le son indispensables?

a) Nutrición.
b) Alimentación.
c) Metabolismo.
d) Asimilación.

2. ¿Cómo se denominan los alimentos que están destinados fundamentalmente a la formación y renovación de los tejidos humanos, tanto en la fase de construcción o crecimiento como en la renovación de tejidos en los adultos?

a) Energéticos.
b) Vitamínicos.
c) Plásticos.
d) Reguladores.

3. ¿Qué alimentos son aquellos cuya composición principal son las proteínas y el calcio?

a) Alimentos reguladores.
b) Alimentos biocatalizadores.
c) Alimentos energéticos.
d) Alimentos plásticos.

4. Las frutas pertenecen en la nueva rueda de alimentos al grupo:

a) VI.
b) V.
c) IV.
d) III.

5. La base de la pirámide de alimentación saludable está compuesta de:

a) Recomendaciones de estilos de vida saludable (equilibrio emocional, actividad física diaria, ingesta adecuada de agua…).
b) Tomar alimentos de la dieta mediterránea.
c) Alimentos de consumo opcional y moderado.
d) Alimentos de consumo variado y diario.

6. La ingesta adecuada de agua diaria está en torno a los:

a) 1,5 litros.
b) 2 litros.
c) 2,5 litros.
d) 3,5 litros.

7. La regla de las tres erres, también conocida como 3R se aplican a la alimentación:

a) Variable.
b) Opcional.
c) Sostenible.
d) Saludable.

8. ¿Quién pone directamente en marcha y desarrolla la estrategia NAOS?

a) La Sociedad Española de Nutrición Comunitaria (SENC).
b) La Agencia Española de Seguridad Alimentaria y Nutrición (AESAN).
c) La Secretaría de Estado de Consejos dietéticos, mediante el programa EDALNU del Ministerio de Sanidad.
d) El Ministerio de Innovación, Desarrollo e Industria.

9. ¿Qué carne de estas consideras con más grasa?

a) La carne de cordero.
b) La carne de ternera.
c) La carne de conejo.
d) La carne de caballo.

10. ¿Cuál es la unidad de energía tradicionalmente empleada en nutrición y que sigue usándose con carácter generalizado?

a) El julio (J).
b) La Caloría grande (Cal).
c) El grado centígrado (ºC).
d) El ergio (erg).

11. Empleando la fórmula de Harris y Benedict del metabolismo basal diremos que un varón de 35 kg de peso, 1,40 m de talla y 11 años de edad, será aproximadamente de:

a) 700.
b) 850.
c) 1100.
d) 2100.

12. ¿Qué factor se estos es el que más influye en la multiplicación de microorganismos?

a) Las calorías de los alimentos.
b) La temperatura del medio.
c) La presión atmosférica.
d) La presencia o no de otros gérmenes.

13. ¿Qué agentes bióticos de los siguientes son mas productores de toxiinfecciones alimentarias?

a) Hongos.
b) Bacterias.
c) Protozoos.
d) Parásitos.

14. ¿Cuál es la fuente más importante de contaminación de intoxicaciones químicas de origen alimentario de forma directa sobre frutas y verduras que ingerimos, o indirecta tras la ingesta de lo anterior de animales?

a) El estiércol de origen animal.
b) Los mercuriales.
c) Los insecticidas.
d) El riego con agua contaminada.

15. ¿Qué aminoácido es esencial?

a) Prolina.
b) Cisteína.
c) Triptófano.
d) Alanina.

16. ¿Qué principios inmediatos son sustancias energéticas?

a) Grasas.
b) Grasas y proteínas.
c) Azúcares y proteínas.
d) Grasas y azúcares.

17. ¿Cuál de estos nutrientes se considera micronutriente (imprescindibles en pequeñas cantidades)?

a) Vitaminas.
b) Azúcares.
c) Proteínas.
d) Grasas.

18. El retinol es un constituyente de la vitamina:

a) Vitamina A.
b) Vitamina B_2.
c) Vitamina C.
d) Vitamina D.

19. ¿Con qué término se corresponde esta definición: «la técnica y el arte de utilizar los alimentos de la forma adecuada, partiendo del conocimiento profundo del organismo humano y de los alimentos, para proponer y promover formas de alimentación, variada, suficiente y equilibrada»?

a) Dietoterapia.
b) Nutrición.
c) Bromatología.
d) Dietética.

20. Un IMC (índice de Masa Corporal) de 27, según Garrow, estaría en el grado de obesidad:

a) No obesidad.
b) Leve.
c) Moderada.
d) Grave.

Solución al test n.º 18

1. b) Alimentación.

2. c) Plásticos.

3. d) Alimentos plásticos.

4. a) VI.

5. a) Recomendaciones de estilos de vida saludable (equilibrio emocional, actividad física diaria, ingesta adecuada de agua…).

6. c) 2,5 litros.

7. c) Sostenible.

8. b) La Agencia Española de Seguridad Alimentaria y Nutrición (AESAN).

9. a) La carne de cordero.

10. b) La Caloría grande (Cal).

11. c) 1100.

12. b) La temperatura del medio.

13. b) Bacterias.

14. c) Los insecticidas.

15. c) Triptófano.

16. d) Grasas y azúcares.

17. a) Vitaminas.

18. a) Vitamina A.

19. d) Dietética.

20. b) Leve.

Atención y cuidados del paciente en relación con las necesidades de eliminación. Diuresis y defecación. Factores que afectan a la defecación. Enemas: administración y tipos. Actividades de colaboración para la realización de los sondajes del aparato urinario, digestivo y rectal. Tipos, manipulación, características y alteraciones. Registro de actividades

1. ¿Qué huesos de la cabeza intervienen en la formación del paladar duro?

a) Palatinos y maxilares.
b) Cigomáticos y maxilares.
c) Cigomáticos y palatinos.
d) Unguis y palatinos.

2. ¿Qué papilas linguales de estas no son gustativas?

a) Caliciformes.
b) Filiformes.
c) Fungiformes.
d) Todas son gustativas.

3. ¿Qué músculo forma el esfínter esofágico superior?

a) El músculo hioideofaríngeo.
b) El músculo tirocricoideo.
c) El músculo cricofaríngeo.
d) Ninguno de los anteriores.

4. ¿Cuál es el conducto de salida de la saliva a la boca de las glándulas parótidas?

a) Conducto de Stenon.
b) Conducto de Warton.
c) Conducto de Rivinus.
d) Conducto de Walter.

5. Sinónimo de ptialismo es:

a) Sialonco.
b) Sialorrea.
c) Sialosquesis.
d) Sialodoquitis.

6. El peso del hígado (en gramos) de un adulto está en torno a los:

a) 950.
b) 1200.
c) 1500.
d) 2500.

7. ¿Cuál es la víscera más voluminosa de nuestro cuerpo?

a) Páncreas.
b) Hígado.
c) Estómago.
d) Tiroides.

8. ¿Cómo se denomina el paso del bolo de faringe a esófago?

a) Tragación.
b) Masticación.
c) Maceración.
d) Deglución.

9. ¿En qué zona del intestino delgado se absorbe más sodio?

a) En el duodeno.
b) En el íleon.
c) En el yeyuno.
d) En el ciego.

10. Las pequeñas hemorragias en un estoma se producen:

a) Por déficit de vitamina K.
b) Por déficit de hierro.
c) Por infecciones recidivantes del estoma y poca higiene local del mismo.
d) Por pequeños traumatismos al limpiar el estoma.

11. ¿Qué aspecto de los que se nombran presentará la orina con hepatitis vírica activa (ictericia)?

a) Amarillo oscuro.
b) Coluria.
c) Amarillo pálido.
d) Rojiza (hematuria).

12. ¿En qué circunstancias está indicada la hemofiltración?

a) En pacientes con insuficiencia renal oligúrica.
b) En pacientes con colitis ulcerosa.
c) En pacientes con insuficiencia renal poliúrica.
d) En pacientes con enfermedad de Crohn.

13. ¿Qué tipo de incontinencia urinaria es la más frecuente?

a) Incontinencia de esfuerzo o estrés.
b) Incontinencia de urgencia.
c) Incontinencia neurológica.
d) Incontinencia paradójica.

14. ¿Qué cálculos cálcicos son los más frecuentes en las litiasis renales?

a) Cálculos de cistina.
b) Cálculos de uratos.
c) Cálculos de oxalatos.
d) Cálculos de xantina.

15. ¿Cómo se denomina la segunda fase de una insuficiencia renal aguda?

a) Oligúrica.
b) Anúrica.
c) Diurética.
d) De recuperación.

16. La cantidad de orina que permanece en la vejiga después de evacuar se denomina:

a) Diuresis residual.
b) Orina de almacenamiento vesical.
c) Orina residual.
d) Orina retenida.

17. Las sondas vesicales de lavado continuo son las sondas de:

a) Malecot.
b) Pezzet.
c) Foley.
d) Robinson.

18. Las sondas vesicales a nivel de calibre se numeran de dos en dos, yendo sus valores, las pequeñas desde un valor par menor y las grandes de un valor par mayor, que son de:

a) 4 a 12.
b) 6 a 16.
c) 6 a 24.
d) 12 a 28.

19. Las sondas de Foley son:

a) Blandas.
b) Duras.
c) Rígidas.
d) Semirrígidas.

20. ¿Qué cantidad de agua destilada (en cc) hay que meter en el balón del que va provisto la sonda vesical en su extremo distal, una vez se ha introducido el catéter en la vejiga del varón?

a) 1.
b) 5.
c) 10.
d) 20.

En MADTEST tienes **más preguntas de este tema** y todos tus avances quedan registrados y se reflejan en el ranking.

¡Supera tus límites con MADTEST!

Solución al test n.º 19

1. a) Palatinos y maxilares.

2. d) Todas son gustativas.

3. c) El músculo cricofaríngeo.

4. a) Conducto de Stenon.

5. b) Sialorrea.

6. c) 1500.

7. b) Hígado.

8. d) Deglución.

9. c) En el yeyuno.

10. d) Por pequeños traumatismos al limpiar el estoma.

11. b) Coluria.

12. a) En pacientes con insuficiencia renal oligúrica.

13. a) Incontinencia de esfuerzo o estrés.

14. c) Cálculos de oxalatos.

15. c) Diurética.

16. c) Orina residual.

17. c) Foley.

18. c) 6 a 24.

19. a) Blandas.

20. c) 10.

**Atención y cuidados del paciente con problemas de movilidad.
Factores que afectan la movilidad. Movilizaciones del sistema
músculo esquelético. Movilización, traslado y deambulación:
Tipos, técnicas y dispositivos de ayuda. Riesgo de caídas
y medidas preventivas**

1. ¿Qué porción anatómica no forma parte del aparato locomotor?

a) Músculos.
b) Huesos.
c) Articulaciones.
d) Nervios.

2. ¿Qué hueso es corto?

a) Ganchoso.
b) Peroné.
c) Tibia.
d) Cúbito.

3. ¿Qué hueso es arqueado?

a) Radio.
b) Etmoides.
c) Hioides.
d) Unguis.

4. ¿Qué eje predomina en los huesos largos?

a) El eje longitudinal.
b) El eje transversal.
c) El eje sagital.
d) El eje horizontal.

5. ¿De qué tipo de tejido básico es variante el tejido óseo?

a) De tejido fibroso.
b) De tejido conjuntivo.
c) De tejido nervioso.
d) De tejido epitelial.

6. ¿Qué es falso del procedimiento de ayudar a un enfermo a ponerse de pie desde la cama colocando previamente al mismo en posición de decúbito lateral?

a) Elevar el segmento superior de la cama hasta conseguir un ángulo comprendido entre 45 y 60º.
b) Nos colocamos en la posición opuesta a las caderas del paciente y pasamos nuestro brazo más cercano a los hombros del enfermo por debajo de ellos, mientras que el otro brazo lo colocamos sobre el muslo más lejano.
c) Girar hacia la pierna de detrás de forma que las piernas del paciente se columpien hacia adelante y nuestro peso cambie a la pierna de atrás y con ello logramos que el enfermo esté sentado en el borde de la cama.
d) El tipo de posicionamiento previo en decúbito lateral debe ser el contrario con el lado hacia el cual se va a levantar al paciente.

7. ¿Qué maniobra es la primera que hay que hacer si queremos transferir un enfermo de la cama a un sillón?

a) Colocar el sillón paralelo a la cama y a la altura de los pies.
b) Colocar al paciente en la orilla de la cama.
c) Sentar al paciente en la cama con las piernas por fuera.
d) Colocar el sillón paralelo al familiar del paciente.

8. ¿Qué pacientes requerirán de mayor atención del TCAE para cubrir sus necesidades básicas y para llevar a cabo con ellos posturas corregidas para evitar que se produzcan complicaciones? Enfermos…

a) No colaboradores.
b) Con traumatismo espinal con un aumento de la presión intracraneal.
c) Hemipléjicos.
d) Ninguno de los anteriores.

9. ¿Cuántos kg se aplican en la tracción esquelética para obtener el efecto terapéutico?

a) 3 a 6.
b) 4,5 a 8.
c) 7 a 12.
d) 10 a 20.

10. ¿Quién debe supervisar los sistemas y conexiones del respirador, así como los tubos y cánulas, para proceder de forma adecuada a la movilización de un paciente asistido por ventilación artificial?

a) Un celador.
b) Un Técnico en Cuidados Auxiliares de Enfermería.
c) Un diplomado en enfermería.
d) Puede supervisarlo cualquiera de los anteriores.

11. ¿Qué es lo primero a efectuar antes de hacer un traslado?

a) Indicar al paciente qué vas a hacer.
b) Presentarte a la supervisora e indicarle tu misión.
c) Hacer traslado con seguridad y bienestar para el paciente si no es urgente.
d) Esperar a que la persona responsable se haga cargo del paciente en destino.

12. ¿Qué es incorrecto a la hora de transportar a un paciente en una silla de ruedas?

a) Siempre se empuja por detrás, excepto cuando se sale o entra en el ascensor.
b) Cuando se cruza una puerta de hojas elásticas, se volverá la silla y pasará el auxiliar o celador antes que el paciente, caminando hacia atrás.
c) Si se baja una rampa, el celador o auxiliar caminará hacia atrás.
d) El traslado hacia un vehículo cuando es dado de alta un paciente se efectuará colocando la silla perpendicular al coche sin necesidad de frenarla (la frena el propio vehículo) y con los reposapiés levantados.

13. ¿Para qué se realizan los ejercicios de amplitud de movimientos?

a) Para mantener la movilidad de las articulaciones.
b) No valen para prevenir las contracturas.
c) No ayudan a preparar a la persona que ha estado tiempo encamada para deambular.
d) No evitan atrofias.

14. ¿Qué finalidad poseen los ejercicios isométricos?

a) Ayudar a preparar a la persona que ha estado tiempo encamada a deambular.
b) Fortalecer y tonificar los músculos.
c) Ayudar a preparar a la persona que ha estado tiempo en sedestación a deambular.
d) Nada de lo anterior es cierto.

15. La posición de mantenerse parado en ambos pies se denomina:

a) Fowler.
b) Bipedestación.
c) Anatómica.
d) Sedestación.

16. ¿Qué indicaciones son las más frecuentes de las muletas de aluminio?

a) Esguinces.
b) Enfermos tetrapléjicos.
c) Enfermos parapléjicos.
d) Son ciertas las respuestas b) y c).

17. ¿Cuál de estas ayudas es autoestable?

a) Pasamanos.
b) Barras paralelas.
c) Bastones multipodales.
d) Ninguna de las anteriores.

18. ¿Qué define la OMS como la consecuencia de cualquier acontecimiento que precipita al paciente al suelo en contra de su voluntad?

a) Traumatismo.
b) Suicidio.
c) Caída.
d) Accidente.

19. ¿Cómo se denominan los factores de riesgo de caídas que están relacionados con las condiciones generales del propio individuo?

a) Constitucionales.
b) Extrínsecos.
c) Intrínsecos.
d) Precipitantes.

20. ¿Qué es lo primero que hay que hacer ante la realidad de que la caída se ha producido?

a) Evaluación de la misma.
b) Intervenir modificando los elementos desencadenantes.
c) Intervenir modificando los elementos precipitantes.
d) Realizar un croquis de las circunstancias.

En MADTEST tienes **más preguntas de este tema** y todos tus avances quedan registrados y se reflejan en el ranking.

¡Supera tus límites con MADTEST!

Solución al test n.º 20

1. d) Nervios.

2. a) Ganchoso.

3. c) Hioides.

4. a) El eje longitudinal.

5. b) De tejido conjuntivo.

6. d) El tipo de posicionamiento previo en decúbito lateral debe ser el contrario con el lado hacia el cual se va a levantar al paciente.

7. a) Colocar el sillón paralelo a la cama y a la altura de los pies.

8. c) Hemipléjicos.

9. c) 7 a 12.

10. c) Un diplomado en enfermería.

11. b) Presentarte a la supervisora e indicarle tu misión.

12. d) El traslado hacia un vehículo cuando es dado de alta un paciente se efectuará colocando la silla perpendicular al coche sin necesidad de frenarla (la frena el propio vehículo) y con los reposapiés levantados.

13. a) Para mantener la movilidad de las articulaciones.

14. b) Fortalecer y tonificar los músculos.

15. b) Bipedestación.

16. a) Esguinces.

17. c) Bastones multipodales.

18. c) Caída.

19. c) Intrínsecos.

20. a) Evaluación de la misma.

Atención y cuidados del paciente en las necesidades de higiene. Piel: Estructura y funciones. Higiene general y parcial del paciente. Concepto, objetivos y normas generales de actuación. Procedimientos para preservar la intimidad al realizar la higiene del paciente

1. ¿Qué elemento o elementos anatómicos de estos no pertenece al sistema tegumentario?

a) Piel.
b) Pelos.
c) Uñas.
d) Cartílagos.

2. El tejido celular subcutáneo de la piel se denomina:

a) Dermis.
b) Hipodermis.
c) Epidermis.
d) Tejido de Malpighio.

3. ¿Dónde no hay glándulas sebáceas?

a) En axilas.
b) En plantas del pie y palmas de las manos.
c) En cuero cabelludo.
d) En cara.

4. ¿Cómo se denomina la parte de las uñas que se observa en sus zonas proximales en forma de zona blanquecina semicircular?

a) Cutícula.
b) Lúnula.
c) Bulbo.
d) Médula.

5. ¿Cómo se denomina la lesión primaria de la piel, elevada, circunscrita, infiltrada, producida por inflamación crónica y que deja cicatriz cuando resuelve?

a) Tubérculo.
b) Roncha.
c) Habón.
d) Vesícula.

6. ¿Qué lesión elemental primaria de la piel es aquella que se manifiesta sobreelevada y de contenido sólido, inferior a 1 cm de diámetro?

a) Pápula.
b) Mácula.
c) Púrpura.
d) Ampolla.

7. ¿Qué lesión secundaria y elemental de la piel es producida por desecación de exudados o sangre?

a) Pústula.
b) Escama.
c) Costra.
d) Liquenificación.

8. Una erosión en la piel se define como aquella lesión elemental que se manifiesta como:

a) Una pérdida superficial de la epidermis que cura sin cicatriz.
b) Una solución de continuidad que afecta a epidermis y dermis papilar.
c) Una pérdida de sustancia que afecta a epidermis, dermis y tejido subcutáneo.
d) Una pequeña elevación cutánea parecida a la ampolla pero contiene en su interior pus.

9. ¿Qué dermatosis es muy frecuente en adolescencia (hasta en el 80 %)?

a) Acné.
b) Psoriasis.
c) Vitíligo.
d) Forúnculos.

10. ¿Qué infección de la piel es vírica?

a) Psoriasis.
b) Herpes simple.
c) Forúnculo.
d) Escabiosis.

11. La denominada vulgarmente como "ladilla" la ocasiona:

a) *Pediculis humanus capitis*.
b) *Pediculis humanus corporis*.
c) *Phthirus pubis*.
d) *Pediculis scrotae*.

12. La escabiosis es otra denominación de:

a) La sarna.
b) La pediculosis.
c) La psoriasis.
d) El nevus cutáneo.

13. La afección de la piel conocida como "manchas vino de Oporto" se corresponde a:

a) Nevus azul.
b) Angiomas planos.
c) Angiomas cavernosos.
d) Nevus melanocítico congénito o adquirido.

14. ¿Qué es falso del melanoma?

a) Es un tumor maligno de la piel.
b) Se da más frecuentemente en sujetos de piel oscura o morena intensa, sin necesidad de exponerse al sol.
c) Es un melanoma con poca o nada de pigmentación es un factor de mal pronóstico.
d) Es más frecuentes en mujeres.

15. ¿Qué baño es aquel que, aun conservando la movilidad, el paciente no puede levantarse, por lo que él asume su higiene siendo auxiliado en caso necesario por la enfermera?

a) Baño completo en la cama.
b) Baño en la cama.
c) Baño parcial.
d) Baño kinestésico.

16. ¿Qué elementos o materiales necesarios para el aseo del paciente son de lavado?

a) Hule.
b) Manta de baño.
c) Esponjas y guantes.
d) Cuña.

17. El lavado de cabellos del paciente debe realizarse aproximadamente:

a) Todos los días.
b) Cada tres días.
c) Una vez a la semana.
d) Depende de la suciedad que este tenga.

18. ¿Cuál debe ser la temperatura del agua para el baño, si se realiza la técnica del baño completo en la cama?

a) 180 ºC.
b) 22-24 ºC.
c) 30-32 ºC.
d) 37-40 ºC.

19. ¿En qué posición debe colocarse al paciente para llevar a cabo la higiene del cabello?

a) En posición de Trendelenburg.
b) En posición de Roser o Proetz.
c) En posición de Morestín.
d) En posición de Sims.

20. ¿Qué zona de la uña indica la incógnita de la imagen?

a) Placa ungueal.
b) Lúnula.
c) Eponiquio.
d) Cutícula.

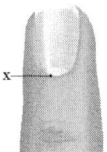

En MADTEST tienes **más preguntas de este tema** y todos tus avances quedan registrados y se reflejan en el ranking.

¡Supera tus límites con MADTEST!

Solución al test n.º 21

1. d) Cartílagos.

2. b) Hipodermis.

3. b) En plantas del pie y palmas de las manos.

4. b) Lúnula.

5. a) Tubérculo.

6. a) Pápula.

7. c) Costra.

8. a) Una pérdida superficial de la epidermis que cura sin cicatriz.

9. a) Acné.

10. b) Herpes simple.

11. c) *Phthirus pubis.*

12. a) La sarna.

13. b) Angiomas planos.

14. b) Se da más frecuentemente en sujetos de piel oscura o morena intensa, sin necesidad de exponerse al sol.

15. b) Baño en la cama.

16. c) Esponjas y guantes.

17. c) Una vez a la semana.

18. d) 37-40 ºC.

19. b) En posición de Roser o Proetz.

20. c) Eponiquio.

Atención y cuidados de la mujer gestante. Fecundación, gestación, parto y puerperio: concepto y características generales. Actuación del Técnico en Cuidados Auxiliares de Enfermería en la atención a la mujer durante el parto y en el puerperio inmediato. Cuidados básicos del recién nacido. Lactancia materna y artificial

1. Mientras no se demuestre lo contrario, toda amenorrea secundaria, incluso premenopáusica ha de valorarse como:

a) Enfermedad grave del embarazo.
b) Enfermedad grave ajena a la gestación.
c) Posible embarazo.
d) Enfermedad endocrina.

2. ¿Qué afirmación es incorrecta sobre la clínica de embarazo?

a) Los signos y síntomas son muy variables.
b) Es muy típico en el embarazo el cansancio y la tensión mamaria.
c) La clínica de embarazo es muy específica.
d) Las náuseas y los vómitos matutinos son habituales que se presenten en la gestación.

3. ¿Qué hormona es la que se detecta en el test de embarazo en orina cuando es positivo?

a) Hormona gonadotropina coriónica humana (HCG).
b) Hormona gonadotropina hipofisaria humana (HHG).
c) Prolactina (P).
d) Hormona folículo estimulante (FSH).

4. ¿Cuánto baja de peso aproximadamente el miometrio por involución una semana después del parto?

a) Una cuarta parte.
b) La mitad.

c) Tres cuartas partes.
d) El 90 %.

5. La prueba denominada test de O´Sullivan, típico en gestación, cuando da positivo se realiza a la embarazada el test llamado:

a) Tolerancia al gluten.
b) Coombs.
c) Toxoplasmosis.
d) Tolerancia oral a la glucosa.

6. ¿En qué semanas de gestación se realizará la ecografía donde se hace un estudio detallado valorando el crecimiento fetal, y descartando un retraso en el crecimiento?

a) En las semanas 8-10.
b) En las semanas 12-16.
c) En las semanas 16-22.
d) En las semanas 32-34.

7. ¿Qué circunstancia no es muy probable que se dé por el embarazo?

a) Pirosis.
b) Diarreas.
c) Hemorroides.
d) Estreñimiento.

8. ¿Cuál es el consumo diario de proteínas recomendado en gestante?

a) 0,5 g por kg de peso.
b) 1 g por kg de peso.
c) 1,5 g por kg de peso.
d) 2,5 g por kg de peso.

9. ¿Cuánto se debe consumir aproximadamente de hierro en todo el embarazo (en mg)?

a) 300.
b) 500.
c) 800.
d) 2500.

10. ¿Qué patología se previene con el consumo de yodo durante el embarazo?

a) Hipertiroidismo.
b) Enfermedad de Graves-Basedow.

c) Bocio.
d) Ninguno de los anteriores.

11. ¿Cómo se llaman las primeras deposiciones del recién nacido?

a) Vérmix caseoso.
b) Melena.
c) Mecamnios.
d) Meconio.

12. ¿Qué patologías intentan prevenirse con la prueba del talón?

a) Mucopolisacaridosis I y síndrome de Marfan.
b) Fenilcetonuria e hipertiroidismo.
c) Enfermedad de Morquio e hipertiroidismo.
d) Fenilcetonuria e hipotiroidismo.

13. ¿Qué valoración del recién nacido tendría un niño con un APGAR de 8?

a) Dificultad grave.
b) Dificultad moderada.
c) Dificultad leve.
d) No hay dificultad.

14. Los neonatos prematuros inmaduros son aquellos con un peso inferior a:

a) 3.000 g.
b) 2.500 g.
c) 2.000 g.
d) 1.500 g.

15. ¿Cuál es el ángulo de dorsiflexión del pie de un neonato normal y prematuro respectivamente?

a) Del neonato normal 5º y más de 5º hasta 95º en prematuro.
b) Del neonato normal 10º y más de 10º hasta 180º en prematuro.
c) Del neonato normal 15º y más de 15º hasta 90º en prematuro.
d) Del neonato normal 0º y más de 0º hasta 90º en prematuro.

16. El jabón empleado en el baño debe tener un pH:

a) Levemente ácido.
b) Muy ácido.
c) Neutro.
d) Alcalino.

17. ¿Qué vitamina es más escasa en leche vaca?

a) Complejo B.
b) A.
c) D.
d) Ninguna.

18. ¿Qué cantidad de agua se vierte en el biberón por cada cacito raso de leche en polvo?

a) 10 cc.
b) 20 cc.
c) 30 cc.
d) 40 cc.

19. Todos los componentes que se nombran de una dieta equilibrada lo califican de básico, excepto:

a) Minerales elementales, sales minerales y agua.
b) Proteínas.
c) Hidratos de carbono o azúcares, y lípidos o grasas.
d) Fibras indigeribles.

20. ¿Quiénes van a ser el principal soporte psicológico de los niños durante su estancia hospitalaria?

a) Los facultativos.
b) El personal no sanitario: maestros, celadores, etc.
c) El personal sanitario no facultativo: enfermeros, TCAE…
d) Los padres.

En MADTEST tienes **más preguntas de este tema** y todos tus avances quedan registrados y se reflejan en el ranking.

¡Supera tus límites con MADTEST!

Solución al test n.º 22

1. c) Posible embarazo.

2. c) La clínica de embarazo es muy específica.

3. a) Hormona gonadotropina coriónica humana (HCG).

4. b) La mitad.

5. d) Tolerancia oral a la glucosa.

6. d) En las semanas 32-34.

7. b) Diarreas.

8. c) 1,5 g por kg de peso.

9. c) 800.

10. c) Bocio.

11. d) Meconio.

12. d) Fenilcetonuria e hipotiroidismo.

13. d) No hay dificultad.

14. d) 1.500 g.

15. d) Del neonato normal 0° y más de 0° hasta 90° en prematuro.

16. c) Neutro.

17. c) D.

18. c) 30 cc.

19. d) Fibras indigeribles.

20. d) Los padres.

Control básico de constantes vitales: temperatura, respiración, pulso, tensión arterial, presión venosa central y balance hídrico. Pulsioximetría y gasometría. Estado nivel de Conciencia. Registro de actividades

1. ¿En la toma de qué constante vital no hay que avisar al enfermo acerca de lo que se le va a hacer?

a) Temperatura.
b) Pulso.
c) Respiración.
d) Tensión arterial.

2. ¿Qué afirmación es incorrecta de las acciones a seguir por el TCAE, cuando se observa alguna cuestión fuera de lo normal en la toma de constantes vitales?

a) Nunca debe dejar registrado su nombre en la hoja de incidencias de enfermería pero siempre el del paciente.
b) Debe dejar constancia por escrito en la hoja de incidencias de enfermería de todo aquello que sea considerado como fuera de lo normal.
c) Debe informar objetivamente al enfermero/a responsable del paciente de todo aquello que sea considerado como fuera de lo normal.
d) Debe dejar por escrito en la hoja de incidencias de enfermería la hora a la que se ha realizado la observación y el día que ha ocurrido, así como cuál ha sido su actuación ante aquello considerado como fuera de lo normal.

3. En el área de pediatría y urgencias en hospitales se está implantando el termómetro de:

a) Columna de mercurio.
b) Columna de galio.
c) Cristal de mercurio.
d) Sensor timpánico.

4. La temperatura bucal se puede tomar en:

a) Niños menores de 6 años.
b) Pacientes en coma.
c) Pacientes con agitación psicomotriz.
d) Niños mayores de 6 años.

5. Existe taquicardia por encima de:

a) 75 pulsaciones/minuto.
b) 85 pulsaciones/minuto.
c) 95 pulsaciones/minuto.
d) 100 pulsaciones/minuto.

6. ¿Cómo se denomina aquel pulso que se percibe con facilidad y que produce gran amplitud en el vaso que se palpa?

a) Fuerte.
b) Pleno.
c) Rebotante.
d) Filiforme.

7. El pulso central o apical se toma:

a) En la punta del corazón.
b) En la zona central del muslo.
c) En el cuello (es sinónimo del yugular).
d) En la zona central del brazo.

8. ¿Cuál de estas consideras una razón sustancial y etiopatogénica para tomar el pulso?

a) Para valorar la frecuencia, el ritmo, el volumen y la tensión del pulso, que pueden reflejar un problema general.
b) Para identificar a un sujeto.
c) Para valorar el estado de salud del sujeto.
d) Para conocer la edad del individuo.

9. ¿Cuál de estas es considerada una posición adecuada para tomar el pulso?

a) Posición de bipedestación.
b) Posición de sentado.
c) Posición de decúbito prono.
d) Son válidas las respuestas a) y b).

10. La ausencia de respiración se denomina:

a) Apnea.
b) Hipernea.
c) Ortopnea.
d) Ripnea.

11. La serie de respiraciones irregulares en profundidad, interrumpidas por intervalos de apnea se denomina respiración de:

a) Biot.
b) Bouchut.
c) Kussmaul.
d) Cheyne-Stokes.

12. ¿En qué tipo de gráficas existe un apartado también para la medicación?

a) En Gráficas mensuales.
b) En Gráficas semanales.
c) En Gráficas ordinarias.
d) En Gráficas especiales.

13. En ausencia de patología, en el ritmo respiratorio normal la fase inspiratoria es más corta que la espiratoria en una proporción:

a) 2:1.
b) 3:1.
c) 4:1.
d) 5:1.

14. En un adulto joven y sano la presión sistólica es de:

a) 180 mmHg.
b) 155 mmHg.
c) 130 mmHg.
d) 100 mmHg.

15. La temperatura ambiente a la hora de tomar la tensión arterial debe estar sobre los:

a) 10 ºC.
b) 22 ºC.
c) 30 ºC.
d) 35 ºC.

16. La hipotensión postural se denomina también:

a) Idiopática.
b) Esencial.
c) Ortostática.
d) Paradójica.

17. ¿Cuál es una desventaja de la pulsioximetría en relación con la gasometría?

a) Es cruenta.
b) No informa de la frecuencia cardíaca.
c) Es de difícil manejo.
d) No detecta hiperoxemia.

18. ¿Qué datos nos indica la cantidad de bicarbonato disuelto en sangre en una gasometría?

a) PaO_2.
b) HCO_3.
c) $PaCO_2$.
d) pH.

19. El test de Allen nos sirve para asegurar:

a) Que la arteria cubital irriga normalmente, si extraemos sangre de la arteria radial.
b) La circulación adecuada de la región de la mano, comprometida en la extracción.
c) Que la arteria humeral irriga normalmente, si extraemos sangre de la arteria radial.
d) Son ciertas las respuestas a) y b).

20. ¿Qué anticoagulante se emplea más habitualmente en los útiles y frascos empleados para las tomas de muestras sanguíneas, esencialmente empleadas en gasometría arterial?

a) Heparina.
b) Penicilina.
c) Metotrexate.
d) Clorhídrico.

En MADTEST tienes **más preguntas de este tema** y todos tus avances quedan registrados y se reflejan en el ranking.

¡Supera tus límites con MADTEST!

Solución al test n.º 23

1. c) Respiración.

2. a) Nunca debe dejar registrado su nombre en la hoja de incidencias de enfermería pero siempre el del paciente.

3. d) Sensor timpánico.

4. d) Niños mayores de 6 años.

5. d) 100 pulsaciones/minuto.

6. b) Pleno.

7. a) En la punta del corazón.

8. a) Para valorar la frecuencia, el ritmo, el volumen y la tensión del pulso, que pueden reflejar un problema general.

9. b) Posición de sentado.

10. a) Apnea.

11. a) Biot.

12. d) En Gráficas especiales.

13. b) 3:1.

14. c) 130 mmHg.

15. b) 22 ºC.

16. c) Ortostática.

17. d) No detecta hiperoxemia.

18. b) HCO_3.

19. d) Son ciertas las respuestas a) y b).

20. a) Heparina.

TEST N.º 24

Concepto de urgencia/emergencia y prioridad. Reanimación cardio-pulmonar básica, soporte vital básico. Carro de parada: reposición y mantenimiento del material. Primeros auxilios: Situaciones cardiacas, politraumatizados, quemados, shock, intoxicación, heridas, hemorragias y asfixias

1. Una patología que puede llevar a la muerte y que debe ser atendida en un tiempo inferior a una hora, según la OMS, es:

a) Un accidente.
b) Un siniestro.
c) Una urgencia.
d) Una emergencia.

2. El mayor pico de mortalidad originado en los politraumatizados es:

a) En la primera hora.
b) En las primeras 24 horas.
c) En las semanas posteriores.
d) La mortalidad en los politraumatizados no presenta un pico reconocido.

3. ¿Cuál es el orden en el que se debe realizar una evaluación en un paciente politraumatizado en la valoración secundaria?

a) Primero se debe realizar un examen neurológico, seguido de una exploración en busca de lesiones externas.
b) Primero se debe realizar un examen neurológico, seguido de una exploración de cabeza, cuello, tórax y abdomen.
c) La evaluación debe comenzar por la exploración de la cabeza, para seguir con cuello, abdomen y pelvis, y finalizar con un examen neurológico.
d) La evaluación debe comenzar por la exploración de cabeza, cuello, tórax, abdomen, pelvis, extremidades y finalizar con un examen neurológico.

4. ¿Qué es un traumatismo craneoencefálico?

a) Un impacto violento recibido por un sujeto en las regiones craneal y facial.
b) Un impacto recibido por un sujeto en la región craneal.
c) Una pérdida estructural de una parte del cuerpo.
d) La pérdida del conocimiento por un impacto violento en la región craneal.

5. En la inspección de las pupilas en una valoración neurológica de un paciente con traumatismo craneoencefálico, una relación entre ambas pupilas disocóricas quiere decir que:

a) Ambas pupilas son iguales.
b) Las pupilas no reaccionan.
c) Las pupilas son desiguales.
d) Las pupilas tienen forma irregular.

6. Para valorar la extensión de una quemadura se usa:

a) La regla de los 9.
b) La regla de Wallace.
c) La regla de los 10.
d) Las respuestas a) y b) son correctas.

7. ¿Qué es la uremia?

a) Es una pérdida de conciencia debido a una baja cantidad de glucosa en sangre.
b) Es una pérdida de conciencia debido a una alta cantidad de glucosa en sangre.
c) Es una complicación grave de las enfermedades del riñón, que puede provocar un estado de somnolencia capaz de llevar al coma.
d) Es una complicación leve de las enfermedades del riñón, que puede provocar un estado de somnolencia capaz de llevar al coma.

8. ¿Cuál de las siguientes afirmaciones sobre el boca a boca es falsa?

a) Debemos tapar los orificios nasales.
b) Debemos sellar la boca del paciente con nuestra boca.
c) Se realizarán 2 insuflaciones cada 30 compresiones.
d) Se realizará una insuflación profunda para mejorar la oxigenación.

9. Consideraremos una obstrucción como parcial si:

a) El paciente no se encuentra atragantado.
b) El paciente puede respirar y toser.
c) El paciente no puede toser.
d) El paciente se encuentra consciente.

10. Ante una hemorragia:

a) Deberemos dar agua para reponer el volumen perdido.
b) Deberemos usar un torniquete.
c) Deberemos hacer compresión sobre la herida.
d) Deberemos aplicar calor seco.

11. La cánula de Guedel:

a) Es una cánula orofaríngea.
b) Se utiliza para mantener la vía aérea permeable.
c) Es un tubo de plástico abierto en su interior.
d) Todas las respuestas son ciertas.

12. Es un ritmo desfibrilable:

a) TVSP.
b) Asistolia.
c) Sinusal.
d) Bloqueo completo.

13. Si está indicada la descarga con el desfibrilador deberemos estar seguros de que:

a) El ritmo es desfibrilable.
b) El nivel de julios es el correcto.
c) Nadie toca al paciente.
d) El DESA tiene baterías.

14. ¿Cuándo se suspende la RCP básica?

a) Cuando la valoración nos indica que el paciente presenta una PCR.
b) Cuando el paciente necesita una descarga eléctrica.
c) Cuando el reanimador está exhausto.
d) Todas las respuestas son ciertas.

15. En los niños las técnicas de RCP se inician con:

a) 30 compresiones.
b) 2 ventilaciones.
c) 5 ventilaciones.
d) 15 compresiones.

16. La secuencia ideal entre compresiones y ventilaciones en los niños es de:

a) 30/2.
b) 15/2.

c) 30/1.
d) 15/5.

17. La realización de la RCP en niños debe hacerse con el niño:

a) En PLS.
b) En decúbito prono sobre una superficie dura.
c) En decúbito supino sobre una superficie dura.
d) En la posición en la que nos encontramos al paciente evitando la movilización.

18. El área de compresión en los lactantes:

a) Es en la línea intermamilar, sobre el esternón.
b) Es en el mismo lugar que en los adultos.
c) Es con 3 dedos sobre la apófisis xifoides.
d) Es justo bajo la apófisis xifoides.

19. No se considera material para la apertura de la vía aérea:

a) Pinzas de Magill.
b) Guía de tubo.
c) Tubos orofaríngeos.
d) Tabla de RCP.

20. El sulfato de magnesio es:

a) Una catecolamina.
b) Un anticolinérgico.
c) Un antiarritmico.
d) Un depresor del SNC.

En MADTEST tienes **más preguntas de este tema** y todos tus avances quedan registrados y se reflejan en el ranking.

¡Supera tus límites con MADTEST!

Solución al test n.º 24

1. d) Una emergencia.

2. a) En la primera hora.

3. d) La evaluación debe comenzar por la exploración de cabeza, cuello, tórax, abdomen, pelvis, extremidades y finalizar con un examen neurológico.

4. a) Un impacto violento recibido por un sujeto en las regiones craneal y facial.

5. d) Las pupilas tienen forma irregular.

6. d) Las respuestas a) y b) son correctas.

7. c) Es una complicación grave de las enfermedades del riñón, que puede provocar un estado de somnolencia capaz de llevar al coma.

8. d) Se realizará una insuflación profunda para mejorar la oxigenación.

9. b) El paciente puede respirar y toser.

10. c) Deberemos hacer compresión sobre la herida.

11. d) Todas las respuestas son ciertas.

12. a) TVSP.

13. c) Nadie toca al paciente.

14. c) Cuando el reanimador está exhausto.

15. c) 5 ventilaciones.

16. b) 15/2.

17. c) En decúbito supino sobre una superficie dura.

18. a) Es en la línea intermamilar, sobre el esternón.

19. d) Tabla de RCP.

20. c) Un antiarritmico.

TEST N.º 25

Administración de medicamentos: Normas generales, tipos y vías de administración. Precauciones previas, durante y tras la administración. Tratamientos con termoterapia, crioterapia, hidroterapia y electroterapia: Concepto, beneficios, efectos sobre el organismo y precauciones. Oxigenoterapia: Métodos de administración y precauciones

1. Toda sustancia empleada en la fabricación de un medicamento, ya permanezca inalterada, se modifique o desaparezca en el transcurso del proceso, se llama:

a) Excipiente.
b) Coadyuvante.
c) Materia prima.
d) Principio activo.

2. ¿Cómo se denomina todo medicamento que tenga la misma composición cualitativa y cuantitativa en principios activos y la misma forma farmacéutica, y cuya bioequivalencia con el medicamento de referencia haya sido demostrada por estudios adecuados de biodisponibilidad?

a) Medicamento especial.
b) Medicamento magistral.
c) Medicamento de investigación.
d) Medicamento genérico.

3. ¿Cómo se consideran las «premezclas para piensos medicamentosos» elaboradas para ser incorporadas a un pienso?

a) Medicamentos de uso humano.
b) Medicamentos de uso veterinario.
c) Medicamentos de terapia génica.
d) Medicamentos de origen humano.

4. La farmacodinamia estudia:

a) Los efectos de los fármacos en el organismo.
b) La aplicación de los fármacos en el ser humano con la finalidad de curar o de alterar voluntariamente una función normal.

c) Las reacciones adversas y las enfermedades producidas por los medicamentos.

d) La evolución de un fármaco en el organismo tras su administración por distintas vías, identificando los metabolitos y las modalidades de eliminación.

5. Cuando digo aspirina me estoy refiriendo a:

a) La marca registrada (nombre comercial).
b) Nombre científico.
c) Nombre químico.
d) Nombre genérico.

6. ¿Qué mecanismo de acción de fármacos serán aquellos en los que no intervienen estructuras biológicas especializadas (receptores)?

a) Estocástico.
b) No específico.
c) Específico.
d) Variable.

7. ¿Qué órgano se encarga de la eliminación de los metabolitos?

a) Esófago.
b) Estómago.
c) Hígado.
d) Páncreas.

8. El paso del fármaco de la sangre a los tejidos dependerá de su fijación a:

a) Proteínas plasmáticas.
b) Lípidos serológicos.
c) Glúcidos plasmáticos.
d) ATP circulante.

9. El efecto primario pretendido, es decir, la razón por la cual se prescribe el fármaco, con una dosis mínima eficaz es el efecto:

a) Secundario.
b) Lateral.
c) Terapéutico.
d) Adverso.

10. ¿Qué medicamentos de estos son formas farmacéuticas líquidas?

a) Polvos.
b) Sellos.

c) Emulsiones.
d) Geles.

11. ¿En qué circunstancias de estas puede estar contraindicada la termoterapia?

a) En espasmos musculares.
b) En la menstruación con dismenorrea.
c) En grandes hematomas o hemorragias si son recientes.
d) En presencia de molestias gastrointestinales.

12. ¿Qué tiempo de aplicación debe emplearse en congestiones de la cabeza y cansancios de pies, si se da crioterapia?

a) Un cuarto de hora.
b) Diez minutos.
c) 4 a 5 minutos.
d) 30 a 60 segundos.

13. ¿En qué circunstancia de estas se contraindica la crioterapia?

a) Hemorroides.
b) Artrosis.
c) Enfermedad de Raynaud.
d) Dismenorrea.

14. ¿Qué es falso del uso de la manta eléctrica y almohadilla eléctrica empleadas en termoterapia?

a) La diferencia entre ambas es que la manta tiene mayor superficie que la almohadilla.
b) Ambas llevan en su interior una resistencia eléctrica.
c) Son variantes de aplicación de calor húmedo.
d) No se emplean en crioterapia.

15. ¿Cuál es el tiempo de aplicación normalmente de calor mediante lámpara de infrarrojos?

a) 1 a 3 minutos.
b) 10 a 20 minutos.
c) 21 a 27 minutos.
d) 30 minutos.

16. ¿Por qué medio se transmite el calor mediante la aplicación de ceras o baños de parafina?

a) Por conducción.
b) Por convección.

c) Por radiación.
d) Por conversión.

17. ¿Qué técnica no se aplica en el modo de transferencia de calor de los empleados en termoterapia por conversión?

a) Mediante radiación de microondas.
b) Mediante ultrasonidos.
c) Mediante onda corta.
d) Mediante compresas.

18. El mejor beneficio se logra manteniendo la bolsa de hielo sobre el lugar indicado en crioterapia durante:

a) Unos 30 minutos, para después descansar durante una hora y volver a realizar la aplicación.
b) Unos 30 minutos, para después descansar durante media hora y volver a realizar la aplicación.
c) Unos 20 minutos, para después descansar durante una hora y volver a realizar la aplicación.
d) Unos 20 minutos, para después descansar durante media hora y volver a realizar la aplicación.

19. ¿Para qué zonas corporales se emplean los remojos fríos?

a) Cabeza y cara.
b) Tórax y espalda.
c) Manos, brazos, pies, piernas y región perineal.
d) Abdomen y zona lumbar.

20. ¿Cómo se denominan los respiradores que permiten regular solamente la presión de insuflación y exigen una estrecha vigilancia del paciente?

a) Respiradores automáticos.
b) Respiradores de volumen.
c) Respiradores semiautomáticos.
d) Respiradores de presión.

En MADTEST tienes **más preguntas de este tema** y todos tus avances quedan registrados y se reflejan en el ranking.

¡Supera tus límites con MADTEST!

Solución al test n.º 25

1. c) Materia prima.

2. d) Medicamento genérico.

3. b) Medicamentos de uso veterinario.

4. a) Los efectos de los fármacos en el organismo.

5. a) La marca registrada (nombre comercial).

6. b) No específico.

7. c) Hígado.

8. a) Proteínas plasmáticas.

9. c) Terapéutico.

10. c) Emulsiones.

11. c) En grandes hematomas o hemorragias si son recientes.

12. d) 30 a 60 segundos.

13. c) Enfermedad de Raynaud.

14. c) Son variantes de aplicación de calor húmedo.

15. b) 10 a 20 minutos.

16. a) Por conducción.

17. d) Mediante compresas.

18. a) Unos 30 minutos, para después descansar durante una hora y volver a realizar la aplicación.

19. c) Manos, brazos, pies, piernas y región perineal.

20. d) Respiradores de presión.

Atención de los Técnicos en Cuidados Auxiliares de Enfermería al paciente encamado. Procedimientos de preparación de las camas. Conocimientos básicos sobre las úlceras por presión. Movilización y cambios posturales

1. La temperatura de las habitaciones del hospital debe oscilar entre:

a) 16-18 ºC.
b) 20-22 ºC.
c) 26-28 ºC.
d) 30-32 ºC.

2. ¿Qué mobiliario de la habitación del paciente no es imprescindible?

a) Mesita de noche y armario.
b) Cama.
c) Sofá pequeño.
d) Silla y/o sillón.

3. ¿En cuántos segmentos móviles se divide el somier metálico de la cama articulada?

a) En 2.
b) En 3.
c) En 4.
d) No tiene divisiones.

4. La cama articulada de somier rígido impide al paciente colocarlo en la posición de:

a) Decúbito supino.
b) Decúbito prono.
c) Decúbito lateral.
d) Fowler.

5. El marco triangular de Balkan lo posee la cama:

a) Ortopédica de Judet.
b) Bouchat.
c) De levitación.
d) Electrocircular o de Striker.

6. El denominado potro se emplea para:

a) Encamar a quemados.
b) Exploración ginecológica.
c) Encamar a pacientes con UPP.
d) Encamar a enfermos con grandes traumatismos.

7. El armazón para el volteo Foster se emplea:

a) Para facilitar al paciente la respiración.
b) Para el cambio postural.
c) Evitar infecciones micóticas.
d) Para liberar de estrés al paciente.

8. ¿Qué ángulo forma el paciente que se encuentra en la posición de Fowler se-misentado, con la cabecera levantada y piernas ligeramente flexionadas?

a) 15º.
b) 30º.
c) 45º.
d) 60º.

9. La posición de seguridad, en la que se coloca a los enfermos inconscientes para facilitarles la eliminación de las secreciones y evitarles la broncoaspiración es:

a) La posición de Sims.
b) La posición de decúbito supino.
c) La posición de Fowler.
d) La posición de Trendelenburg.

10. ¿Qué posición es la de la imagen?

a) Posición de Trendelenburg.
b) Posición de Morestin.
c) Posición de Roser.
d) Posición de Fowler.

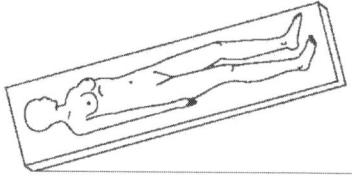

11. ¿Cómo se llama también la posición de antiTrendelenburg?

a) La posición de litotomía.
b) La posición de Morestin.
c) La posición de Roser.
d) La posición de Sims.

12. La posición mahometana es:

a) La posición de litotomía.
b) La posición de Fowler.
c) La posición de Morestin.
d) La posición genupectoral.

13. ¿Cuál de estas posiciones es quirúrgica?

a) Posición de Fowler.
b) Posición de decúbito supino.
c) Posición de Morestin.
d) Posición de decúbito prono.

14. ¿Cuál de estas posiciones consideras quirúrgica?

a) Posición de Trendelenburg.
b) Posición de decúbito prono.
c) Posición de Fowler.
d) Posición de Sims.

15. La posición de Kraske se emplea en:

a) Pacientes que presenten problemas digestivos con reflujo gastrointestinal, hernias de hiato y enfermedades respiratorias.
b) Pacientes que presenten problemas cardíacos.
c) Cirugía coxígea.
d) Posición antishock.

16. ¿Qué factor o factores de riegos se miden en la Escala de Braden en pacientes con úlceras por presión?

a) Percepción sensorial (capacidad para reaccionar ante una molestia relacionada con la presión).
b) Estado físico.
c) Estado mental.
d) Incontinencia.

17. ¿Cuántos parámetros se valoran en la Escala de Braden?

a) 3.
b) 4.
c) 5.
d) 6.

18. ¿Cuál es la base para la prevención y el tratamiento de las úlceras por presión?

a) Sequedad de la cama y sus útiles.
b) Sequedad de la piel del paciente y adecuada nutrición de la misma.
c) Una planificación de los cuidados de enfermería basada en la continuidad sistemática de los mismos.
d) Son ciertas las respuestas a) y b).

19. ¿Cada cuánto tiempo deben realizarse los cambios de posición en pacientes con riesgos a úlceras por presión?

a) Cada 2-3 horas.
b) Cada 4-6 horas.
c) Cada 6-8 horas.
d) Cada 12 horas.

20. ¿Cuándo no está contraindicado el masaje en la UPP?

a) Nunca está contraindicado, es aconsejable.
b) Siempre está contraindicado, está prohibido ya que la agrava.
c) Cuando no agrava la preúlcera.
d) Si la zona aún no tiene enrojecimiento (eritema).

En MADTEST tienes **más preguntas de este tema** y todos tus avances quedan registrados y se reflejan en el ranking.

¡Supera tus límites con MADTEST!

Solución al test n.º 26

1. b) 20-22 ºC.

2. c) Sofá pequeño.

3. b) En 3.

4. d) Fowler.

5. a) Ortopédica de Judet.

6. b) Exploración ginecológica.

7. b) Para el cambio postural.

8. c) 45º.

9. a) La posición de Sims.

10. a) Posición de Trendelenburg.

11. b) La posición de Morestin.

12. d) La posición genupectoral.

13. c) Posición de Morestin.

14. a) Posición de Trendelenburg.

15. c) Cirugía coxígea.

16. a) Percepción sensorial (capacidad para reaccionar ante una molestia relacionada con la presión).

17. d) 6.

18. c) Una planificación de los cuidados de enfermería basada en la continuidad sistemática de los mismos.

19. a) Cada 2-3 horas.

20. d) Si la zona aún no tiene enrojecimiento (eritema).

Atención y cuidados en el paciente quirúrgico. Clasificación de la cirugía. Cuidados preoperatorios, intraoperatorios y postoperatorios. Instrumental médico-quirúrgico

1. Una intervención de tipo paliativo es aquella:

a) Que fortalece las zonas debilitadas, o pretende volver a unir zonas anatómicas que se encuentran separadas o tiene por objeto corregir deformidades.
b) Que alivia los síntomas de un determinado proceso, sin curar la enfermedad.
c) Que se utiliza para determinar la causa de los síntomas.
d) Que busca mejorar el aspecto físico.

2. ¿Qué función poseerá la intervención quirúrgica que persiga determinar la causa o causas de los síntomas de un proceso morboso?

a) Intervención ablativa.
b) Intervención paliativa.
c) Intervención reparadora.
d) Intervención diagnóstica.

3. ¿Cómo se denomina al período de tiempo que transcurre desde que un paciente va a ser intervenido hasta que es dado de alta en el hospital?

a) Período preoperatorio.
b) Período transoperatorio.
c) Período perioperatorio.
d) Período posoperatorio.

4. ¿Cuál de estas personas con un grupo sanguíneo concreto consideras que es donante universal?

a) Aquella con O^+.
b) Aquella con AB^+.

c) Aquella con O⁻.
d) Aquella con B⁻.

5. ¿Qué modalidad de sangre se preparará para transfundir a un paciente si la necesitase, en caso de urgencia y sin previa averiguación analítica de su grupo sanguíneo?

a) Del grupo sanguíneo AB (+).
b) Del grupo sanguíneo 0 (-).
c) Del grupo sanguíneo 0 (+).
d) Son ciertas las respuestas b) y c).

6. ¿Qué intervención por el área quirúrgica o campo de intervención se corresponde con la de la imagen?

a) Cirugía perineal.

b) Cirugía abdominal.

c) Cirugía hernia inguinal.

d) Cirugía de bajo vientre.

7. La premedicación se suele administrar habitualmente al paciente antes de la cirugía:

a) 15 a 20 minutos.
b) 25 a 40 minutos.
c) 45 a 75 minutos.
d) 95 a 120 minutos.

8. ¿Qué es falso del bloque quirúrgico?

a) En él trabaja tanto personal sanitario como no sanitario.
b) Suele situarse en una zona del hospital tumultuosa y con tránsito de personas, aunque mal comunicada con el resto de las unidades, para que a ella lleguen nadie más que los interesados.
c) Posee un conjunto de instalaciones acondicionadas y equipadas para poder realizar en ellas las intervenciones quirúrgicas con las mayores garantías.
d) Está funcional y físicamente diferenciado del resto del hospital.

9. Los almacenes para guardar el material quirúrgico, aparatos, sueros, camillas, farmacia en general, etc., existentes en el bloque quirúrgico pertenecen al área:

a) De intercambio.
b) Estéril.

c) Sucia.
d) Limpia.

10. ¿Cómo se denomina la zona del bloque quirúrgico donde se requiere de uniforme quirúrgico, calzas o zuecos quirúrgicos, gorro, y uso de mascarilla obligatorio?

a) Zona sin limitación de acceso.
b) Zona semilimitada.
c) Zona limitada.
d) Zona prohibida.

11. ¿A qué área del bloque quirúrgico pertenece el pasillo limpio y el almacén de material estéril?

a) Al área estéril.
b) Al área sucia.
c) Al área de intercambio.
d) Al área limpia.

12. ¿Qué zona de estas del bloque quirúrgico consideras que no es zona limitada?

a) Los antequirófanos.
b) Los pasillos de limpio y sucio.
c) Las salas de intervenciones.
d) Los cuartos de lavado de manos prequirúrgico.

13. ¿A qué grupo dentro del equipo quirúrgico pertenece el cirujano que va a realizar la intervención?

a) Al grupo de miembros del equipo lavados limpios.
b) Al grupo de miembros del equipo lavados estériles.
c) Al grupo de miembros del equipo no estériles.
d) Al grupo de miembros del equipo no limpios.

14. La mesa metálica provista de ruedas, donde se coloca el material de uso continuo para la intervención (bisturí, separadores, pinzas, tijeras, batas, guantes, etc.), se denomina:

a) Mesa auxiliar.
b) Mesa mayo.

c) Cigüeña.
d) Todo lo anterior es cierto.

15. ¿Qué personal del equipo quirúrgico se encarga de coordinar las actividades del personal complementario (laboratorio, radiología, médico y otros)?

a) El auxiliar de enfermería.
b) La enfermera instrumentista.
c) La enfermera circulante.
d) El cirujano ayudante.

16. ¿Cómo se denomina la anestesia que consiste en aplicar la inyección de un anestésico local en el espacio adyacente a la duramadre?

a) Anestesia general.
b) Anestesia raquídea.
c) Anestesia epidural.
d) Anestesia interductal.

17. La deambulación posoperatoria temprana debe llevarse a cabo tras la intervención entre:

a) 4-8 horas.
b) 8-12 horas.
c) 24-48 horas.
d) 72-96 horas.

18. ¿Qué procedimiento técnico es el que pretende asegurar la salida de líquidos y derrames de una herida, absceso o cavidad natural traumática o quirúrgica?

a) Apósitos.
b) Gasa y paños.
c) Drenajes.
d) Sondas.

19. El drenaje vesical se realiza mediante:

a) Sonda de Foley.
b) Sonda nasogástrica.
c) Sonda de Pasman.
d) Sonda de Mickulicz.

20. ¿Qué drenaje mixto consiste en un tubo de goma relleno de gasa?

a) Drenaje en cigarrillo.
b) Drenaje en pipa de fumar.
c) Drenaje invertido de Pasman.
d) Redón.

En MADTEST tienes **más preguntas de este tema** y todos tus avances quedan registrados y se reflejan en el ranking.

¡Supera tus límites con MADTEST!

Solución al test n.º 27

1. b) Que alivia los síntomas de un determinado proceso, sin curar la enfermedad.

2. d) Intervención diagnóstica.

3. c) Período perioperatorio.

4. c) Aquella con O⁻.

5. b) Del grupo sanguíneo 0 (-).

6. b) Cirugía abdominal.

7. c) 45 a 75 minutos.

8. b) Suele situarse en una zona del hospital tumultuosa y con tránsito de personas, aunque mal comunicada con el resto de las unidades, para que a ella lleguen nadie más que los interesados.

9. a) De intercambio.

10. c) Zona limitada.

11. d) Al área limpia.

12. b) Los pasillos de limpio y sucio.

13. b) Al grupo de miembros del equipo lavados estériles.

14. d) Todo lo anterior es cierto.

15. c) La enfermera circulante.

16. c) Anestesia epidural.

17. c) 24-48 horas.

18. c) Drenajes.

19. a) Sonda de Foley.

20. a) Drenaje en cigarrillo.

Plan de Salud Mental en Aragón. Líneas estratégicas, objetivos y actuaciones. Dispositivos para la atención de la salud mental en Aragón, características y funciones. Agitación psicomotriz, características y abordaje sanitario

1. ¿Qué período abarca el actual de Salud Mental en Aragón? Abarca el período de...

a) 2020-2023.
b) 2021-2024.
c) 2022-2025.
d) 2023-2026.

2. ¿Qué principio general del Plan actual de Salud Mental en Aragón es falso?

a) Incidir en la perspectiva de género en el abordaje de la enfermedad mental.
b) Potenciar el uso de los avances tecnológicos y nuevas tecnologías en Salud Mental.
c) Facilitar que los procedimientos, documentos, sistemas de información y comunicaciones sean accesibles, sin necesidad de tener en cuenta a personas con dificultades de comunicación y/o discapacidad.
d) Nada de lo anterior es cierto.

3. ¿Qué afirmación es incorrecta respecto a las líneas estratégicas del Plan actual de Salud Mental en Aragón?

a) Surgen de la trasformación de factores claves detectados en el diagnóstico.
b) Realmente son los grandes conceptos estratégicos en los que se pretende centrar y sintetizar el Plan actual.
c) Los resultados a alcanzar en cada una de las líneas estratégicas tienen efecto e impacto sobre las otras.
d) Unas líneas estratégicas poseen mayor importancia que otras.

4. ¿En qué aspectos se ha realizado el despliegue de las líneas estratégicas del Plan actual de Salud Mental en Aragón? Se ha realizado el despliegue en...

a) Objetivos generales y acciones.
b) Objetivos específicos y acciones.
c) Objetivos generales y objetivos específicos.
d) Objetivos generales, específicos y acciones.

5. ¿Cómo se denominan las intervenciones definidas con máxima precisión, que deben ser medibles y tener definidos indicadores, responsables y cronograma, del Plan actual de Salud Mental en Aragón?

a) Objetivos específicos.
b) Objetivos generales.
c) Objetivos operativos.
d) Acciones.

6. ¿De qué trata la línea estratégica 2 del Plan actual de Salud Mental en Aragón? Trata de...

a) Adicciones.
b) Atención a personas con procesos complejos (trastorno mental grave).
c) Promoción, prevención y bienestar físico en salud mental. trabajo colaborativo con atención primaria.
d) Salud mental en la infancia y la adolescencia.

7. ¿De qué línea estratégica del Plan actual de Salud Mental en Aragón consideras que es un objetivo específico crear nuevos recursos terapéuticos en la red de Salud Mental Infanto-juvenil? De la línea estratégica...

a) Psicogeriatría.
b) Atención a personas con procesos complejos (trastorno mental grave).
c) Adicciones.
d) Salud mental en la infancia y la adolescencia.

8. ¿De qué línea estratégica del Plan actual de Salud Mental en Aragón consideras que es un objetivo específico adaptar los programas de reducción de daños a los nuevos perfiles de consumo de drogas?

a) Adicciones.
b) Prevención, detección precoz y atención a la conducta suicida.
c) Psicogeriatría.
d) Coordinación, colaboración y transversalidad.

9. ¿De qué organismos se deben tener en cuenta los estándares recomendados de compromiso/pacto de tratamiento mediático del suicidio con asociaciones profesionales y empresas de medios de comunicación de Aragón? Con los estándares recomendados por...

a) La OMS.
b) Los organismos análogos o similares a la OMS.
c) Son ciertas a y b.
d) Son inciertas a y b.

10. ¿De qué línea estratégica del Plan actual de Salud Mental en Aragón consideras que es un objetivo específico potenciar el uso de las Tecnologías de la Información y la Comunicación (TIC) en el desarrollo y avance de los cuidados en Salud Mental? De la línea estratégica...

a) Formación, investigación, innovación y nuevas tecnologías en salud mental.
b) Humanización de la salud mental.
c) Coordinación, colaboración y transversalidad.
d) Ninguna de las anteriores.

11. ¿Qué dispositivo es UASA empleado para la atención de la salud mental en Aragón?

a) Unidad de Asistencia y Seguridad de Adicciones.
b) Unidad de Asistencia de Suicidas por Adicciones.
c) Unidad de Atención y Seguimiento de Adicciones.
d) Unidad de Atención a Suicidas por Adicciones.

12. ¿Qué siglas se emplean para referirse a la Unidad de Trastornos de la Personalidad como dispositivo empleado para la atención de la salud mental en Aragón?

a) USM.
b) UTMG.
c) UP.
d) UTP.

13. ¿Con qué dispositivos empleados para la atención de la salud mental en Aragón deben estar estrechamente relacionadas las Unidades Rehabilitadoras de Media Estancia? Están estrechamente relacionadas con las...

a) UCE y ULE, así como con otros equipos o recursos rehabilitadores.
b) UCE y UCEIJ, así como con otros equipos o recursos rehabilitadores.
c) USM y UASA, así como con otros equipos o recursos rehabilitadores.
d) ULE y UP, así como con otros equipos o recursos rehabilitadores.

14. ¿De qué aspectos de los que se nombra no constará las Unidades Rehabilitadoras de Media Estancia?

a) Consulta de psiquiatría.
b) Atención a familiares.
c) Consulta de trabajador social.
d) Consulta de psicología clínica.

15. ¿Cuál de éstas son unidades de hospitalización parcial para pacientes con trastorno mental grave una vez superada la fase aguda o en pacientes que requieren un tratamiento y seguimiento más intensivo, a través de un equipo interdisciplinar (puede ser ofertado desde la USM o UASA)? Las Unidades de...

a) Los Hospitales de Día de Salud Mental.
b) Rehabilitadoras de Media Estancia.
c) Rehabilitadoras de Larga Estancia.
d) Hospitalización psiquiátrica aguda de los hospitales generales.

16. ¿Dónde deben localizarse las Unidades de los Hospitales de Día de Salud Mental? Deben localizarse en...

a) Hospitales Generales dotados de UCE.
b) Hospitales Generales sin dotación de UCE.
c) Hospitales Superespecializados en SM dotados de UCE.
d) Hospitales Superespecializados en SM sin dotación de UCE.

17. ¿Qué aspectos de los que se nombran de la atención sanitaria, recoge los Centros de Rehabilitación Psicosocial Comunitaria?

a) Consulta de psiquiatría y Consulta de psicología clínica.
b) Consulta de enfermería e Intervención Comunitaria.
c) Consulta de trabajo social y Consulta de terapia ocupacional.
d) Recoge todos los anteriores.

18. ¿Para qué pacientes según sus edades se destina la Unidad de Trastornos de Personalidad (UTP)? Para pacientes con edades comprendidas entre...

a) 5 y 14 años.
b) 11 y 18 años.
c) 18 y 65 años.
d) 65 a 100 años.

19. ¿En qué régimen se prestará atención en la Unidad de Trastornos de Personalidad (UTP)? Se prestará atención en régimen...

a) De día y ambulatorio.
b) De noche y ambulatorio.

c) Exclusivamente de internamiento.
d) Tanto en ambulatorio como de internamiento.

20. ¿Qué pacientes generalmente no se atenderán en la Unidad de Trastornos de la Conducta Alimentaria?

a) Niños.
b) Adolescente.
c) Adultos jóvenes.
d) Adultos maduros.

En MADTEST tienes **más preguntas de este tema** y todos tus avances quedan registrados y se reflejan en el ranking.

¡Supera tus límites con MADTEST!

Solución al test n.º 28

1. c) 2022-2025.

2. c) Facilitar que los procedimientos, documentos, sistemas de información y comunicaciones sean accesibles, sin necesidad de tener en cuenta a personas con dificultades de comunicación y/o discapacidad.

3. d) Unas líneas estratégicas poseen mayor importancia que otras.

4. d) Objetivos generales, específicos y acciones.

5. d) Acciones.

6. b) Atención a personas con procesos complejos (trastorno mental grave).

7. d) Salud mental en la infancia y la adolescencia.

8. a) Adicciones.

9. c) Son ciertas a y b.

10. a) Formación, investigación, innovación y nuevas tecnologías en salud mental.

11. c) Unidad de Atención y Seguimiento de Adicciones.

12. d) UTP.

13. c) USM y UASA, así como con otros equipos o recursos rehabilitadores.

14. b) Atención a familiares.

15. a) Los Hospitales de Día de Salud Mental.

16. a) Hospitales Generales dotados de UCE.

17. d) Recoge todos los anteriores.

18. c) 18 y 65 años.

19. d) Tanto en ambulatorio como de internamiento.

20. a) Niños.

Atención y cuidados en el anciano: Concepto de ancianidad, cambios físicos y psicológicos asociados con el envejecimiento. La actuación del Técnico en Cuidados Auxiliares de Enfermería en los principales síndromes geriátricos. Medidas de apoyo al cuidador del anciano

1. ¿Cuántos años aproximadamente más se incrementa la esperanza de vida en España al llegar una persona a la edad de 65 años?

a) Se incrementa aproximadamente 4 años.
b) Se incrementa aproximadamente 8 años.
c) Se incrementa aproximadamente 18 años.
d) Se incrementa aproximadamente 25 años.

2. ¿Qué factor de los que hay que tener en cuenta por el incremento de gerontes en la población es el que se traduce por un aumento de la frecuencia absoluta de enfermedades en el anciano?

a) Factor social.
b) Factor económico.
c) Factor terapéutico.
d) Factor epidemiológico.

3. La vejez propiamente dicha se denomina también:

a) Madurez precoz.
b) Decrepitud.
c) Madurez tardía.
d) Caquexia senil.

4. ¿Qué edad expresa la capacidad de mantener los roles personales y la integración social del individuo en la comunidad, para lo que se precisa conservar razonables cotas de capacidades físicas?

a) Edad cronológica.
b) Edad biológica.

c) Edad psicológica.

d) Edad funcional.

5. ¿Cómo se denomina la relación que se produce al dividir a la población ≥ de 65 años entre la población de los menores de 0 a 14 años?

a) Tasa juvenil.

b) Coeficiente de juventud.

c) Índice o coeficiente de renovación.

d) Índice de reposición.

6. ¿Qué dispositivo de carácter social o de apoyo a la convivencia consideras una institución cerrada?

a) Asilos.

b) Clubes de ancianos (hogar del pensionista).

c) Ayuda a domicilio.

d) Centros de día.

7. ¿Cuál de los dispositivos de carácter sanitario a nivel geriátrico es de segundo nivel?

a) Centros de salud.

b) Hospital de día geriátrico.

c) Hospital de cuidados continuados.

d) Ninguno de los anteriores.

8. ¿Qué circunstancias de las que se nombran son más acordes con el anciano frágil?

a) Posee una edad generalmente superior a los 65 años, con alteraciones funcionales, al límite entre lo "normal" y "patológico", en equilibrio inestable y con adaptación de los trabajos funcionales a sus posibilidades reales de rendimiento.

b) Es una persona de edad (mayor), que sufre alguna enfermedad (aguda o crónica) pero no cumple ningún otro requisito de los citados anteriormente.

c) Posee una edad generalmente superior a los 80 años, que sufre una o varias enfermedades que le producen algún riesgo de incapacidad, o una cierta incapacidad leve, que sigue tratamiento farmacológico (uno o varios medicamentos), que vive en la comunidad, generalmente solo o en compañía de otra persona mayor, que ha sufrido un cambio reciente de domicilio, o que ha estado hospitalizado en los últimos doce meses, que precisa atención profesional domiciliaria y cuyos recursos socioeconómicos son limitados.

d) Sufre problemas mentales y/o sociales en relación con su estado de salud y que requiere institucionalización.

9. ¿Qué modificaciones de la piel del anciano es incorrecta?

a) Se va volviendo descolorida.
b) Aumenta en ella el grosor de los vasos sanguíneos.
c) Se vuelve más húmeda y con ello sudorosa y menos frágil.
d) Todo lo anterior es correcto.

10. ¿Qué sentidos de estos disminuyen fisiológicamente con la ancianidad?

a) Vista.
b) Gusto.
c) Olfato.
d) Todos los anteriores.

11. ¿Qué signo o síntoma del anciano es aquel que se muestra con el cuidador en forma de agresiones verbales?

a) De miedo.
b) De aislamiento.
c) De hostilidad.
d) De deterioro cognitivo.

12. ¿Qué se define como el proceso diagnóstico, estructurado, dinámico, multidimensional e interprofesional que nos permite identificar las capacidades del mayor, los problemas y las necesidades en los ámbitos clínico, funcional, mental y socioambiental de la persona mayor?

a) La valoración geriátrica integral.
b) La valoración estructurada por Necesidades Básicas.
c) La valoración estructurada por Patrones Funcionales de Salud.
d) La valoración estructurada por Patrones Anatómicos de Salud.

13. ¿Qué objetivo no es correcto de la valoración geriátrica integral?

a) Evitar que se produzca la institucionalización del anciano.
b) Asignar los servicios, ayudas técnicas y sobre todo incorporar al paciente a los programas que más se ajustan a sus necesidades.
c) Conocer los recursos del paciente y su entorno social, familiar y ambiental.
d) Evitar dando privilegios fomentando una ubicación adecuada en caso de institucionalización del anciano.

14. Si en la Escala de Barthel, que mide las ABVD, el paciente obtiene 70 puntos, indica que es:

a) Independiente.
b) Dependiente leve.
c) Dependiente moderado.
d) Dependiente grave.

15. ¿Cuántos puntos máximo posee la Escala de Tinetti, en su primera parte dedicada al equilibrio?

a) 6.
b) 12.
c) 16.
d) 28.

16. ¿Cuántos ítems posee el Índice de Barthel?

a) 5.
b) 10.
c) 15.
d) 20.

17. ¿Qué valoración, dentro de la valoración geriátrica integral, va dirigida a identificar y evaluar alteraciones en la capacidad de realizar funciones intelectuales, de forma que nos aporte información de interés respecto a su capacidad para desarrollar sus actividades cotidianas, incluido el trabajo, así como su capacidad de autocuidado?

a) Valoración clínica.
b) Valoración funcional.
c) Valoración cognitiva.
d) Valoración social.

18. ¿Cuál es la puntuación que nos marca el punto de corte ante una depresión moderada en el test de Hamilton (Rating Scale para Depresión de Hamilton)?

a) Puntuación de 18.
b) Puntuación de 12.
c) Puntuación de 8.
d) Puntuación de 4.

19. ¿Cuántos ítems posee la Escala Social de Gijón?

a) 3.
b) 4.
c) 5.
d) 6.

20. ¿Cada cuánto tiempo el anciano debe hidratar las uñas y su cutícula para mantenerlas blandas y evitar que se rompan?

a) Cada día.
b) Cada tres días.
c) Cada semana.
d) Cada mes.

En MADTEST tienes **más preguntas de este tema** y todos tus avances quedan registrados y se reflejan en el ranking.

¡Supera tus límites con MADTEST!

Solución al test n.º 29

1. c) Se incrementa aproximadamente 18 años.

2. d) Factor epidemiológico.

3. c) Madurez tardía.

4. d) Edad funcional.

5. c) Índice o coeficiente de renovación.

6. a) Asilos.

7. b) Hospital de día geriátrico.

8. c) Posee una edad generalmente superior a los 80 años, que sufre una o varias enfermedades que le producen algún riesgo de incapacidad, o una cierta incapacidad leve, que sigue tratamiento farmacológico (uno o varios medicamentos), que vive en la comunidad, generalmente solo o en compañía de otra persona mayor, que ha sufrido un cambio reciente de domicilio, o que ha estado hospitalizado en los últimos doce meses, que precisa atención profesional domiciliaria y cuyos recursos socioeconómicos son limitados.

9. c) Se vuelve más húmeda y con ello sudorosa y menos frágil.

10. d) Todos los anteriores.

11. c) De hostilidad.

12. a) La valoración geriátrica integral.

13. d) Evitar dando privilegios fomentando una ubicación adecuada en caso de institucionalización del anciano.

14. b) Dependiente leve.

15. c) 16.

16. b) 10.

17. c) Valoración cognitiva.

18. a) Puntuación de 18.

19. c) 5.

20. a) Cada día.

TEST N.º 30

Concepto de enfermedad terminal, principales problemas, cuidados físicos y psíquicos al paciente. Cuidados paliativos. Signos de muerte cierta. Atención al duelo. Apoyo al cuidador principal y a la familia. Cuidados post-mortem

1. ¿Qué aspecto de estos es clave que se dé en cuidados paliativos, siempre que sea posible?

a) La atención hospitalaria.
b) La atención en centro de salud habitual.
c) La atención en centro de salud especializado.
d) La atención domiciliaria.

2. Respecto a los cuidados paliativos no es cierto que:

a) Mejoran la calidad de vida de los pacientes y de sus familias.
b) Alivian el dolor y otros síntomas.
c) Aceleran la muerte.
d) Afirman la vida, y consideran la muerte como un proceso normal.

3. ¿Qué pronóstico (en meses) de vida es el promedio general en pacientes terminales?

a) Está limitado a 2 meses (± 1).
b) Está limitado a 3 meses (± 2).
c) Está limitado a 6 meses (± 3).
d) Está limitado a 9 meses (± 3).

4. ¿Qué principio básico, según Beauchamp y Childress, se sintetiza con la expresión latina *primum non nocere*?

a) Justicia.
b) No maleficencia.
c) Autonomía.
d) Beneficencia.

5. ¿En qué tipo de actuaciones se basan los cuidados paliativos?

a) Eutanasia.
b) Eugenesia.
c) Distanasia.
d) Ortotanasia.

6. A toda acción que pretende terminar con la vida del enfermo para acabar con el sufrimiento se le denomina:

a) Eutanasia.
b) Distanasia.
c) Eugenesia.
d) Ortotanasia.

7. ¿Cuál de estos derechos que se nombran a continuación, de las personas adultas en situación terminal, no consideras que sea tal?

a) Derecho a recibir atención médica y soporte personal.
b) Derecho a la autodeterminación y a rechazar un tratamiento.
c) Derecho a participar en la toma de decisiones relativas a las pruebas complementarias, aunque no en el tratamiento.
d) Derecho a ser tratados con la mayor dignidad y a ver su dolor aliviado.

8. Respecto al reposo y al sueño del enfermo terminal es cierto que:

a) Son infrecuentes las irregularidades en el patrón del sueño.
b) No se deben dar hipnóticos para el sueño, aunque se prescriban por el facultativo.
c) Hay que evitar que se sienta solo, y esto lo relaja y disminuye su estrés, favoreciendo que no se den las irregularidades del sueño.
d) La causa del insomnio siempre es psicológica.

9. ¿Qué consejo en la alimentación en cuidados paliativos es incorrecto?

a) No presionar o agobiar al paciente con la comida, intentando adaptarse al "gusto" del paciente.
b) Presentar la comida de forma atractiva (la comida entra por los ojos).
c) Fraccionar la dieta en seis o siete tomas al día (más veces, menos cantidad), evitando alimentos flatulentos, muy condimentados, o/y con olores intensos.
d) Hay que obligar a comer a los pacientes, la falta de comida constituye una ded las causas de empeoramiento.

10. ¿Qué virus es el que más frecuentemente aparece en la boca de los enfermos que están recibiendo quimioterapia?

a) Cándida.
b) Virus de Epstein-Barr.
c) Citomegalovirus.
d) Herpes simple.

11. ¿Qué aspecto no posee el dolor agudo que sí lo posee el dolor crónico?

a) Posee una misión biológica.
b) Mejor vía de administración la analgesia oral/rectal.
c) Posee un comienzo de alivio rápido.
d) El paciente presenta un estado emocional ante el dolor de cansado/ansioso.

12. ¿Qué factor de esto disminuye el dolor?

a) Miedo.
b) Depresión.
c) Vejez.
d) Sueño.

13. ¿Qué dolor de estos no es nociceptivo?

a) El dolor somático, por estimulación de los receptores periféricos.
b) El dolor visceral, por infiltración, compresión o distensión de vísceras.
c) El dolor neuropático, por daño del Sistema Nervioso Central (dolor central) o periférico (desaferentización).
d) Todos son nociceptivos.

14. Todo lo que se expone del fentanilo es cierto, excepto que:

a) Es un opioide sintético.
b) El fentanilo tiene indicaciones diferentes a la morfina en el tratamiento de dolor crónico que no responda al segundo escalón de la OMS.
c) El principal inconveniente del fentanilo-TTS es su mala adherencia en pieles sudorosas o/y febriles.
d) El fentanilo está especialmente indicado en disfagia/odinofagia, cuando existe un escaso cumplimiento de la medicación oral y cuando se dan problemas en el tránsito gastrointestinal (ocasiona menos estreñimiento).

15. ¿Qué causa de la ansiedad se relaciona con las fases de duelo de la doctora Kübler-Ross?

a) Los problemas relacionados con efectos directos de la enfermedad o complicaciones médicas.
b) Las reacciones adaptativas como consecuencia de la aparición de cambios inevitables.
c) Los problemas derivados de la existencia previa de problemas psicológicos.
d) Aquellas derivadas de los efectos secundarios del tratamiento.

16. ¿Qué nivel de sedación presenta un paciente con una respuesta rápida a estímulos dolorosos/presión glabelar, según la escala de Ramsay?

a) Nivel de sedación II.
b) Nivel de sedación III.

c) Nivel de sedación IV.
d) Nivel de sedación V.

17. ¿Cómo se denomina la capacidad para comprender, aceptar y compartir los sentimientos del paciente (incluso de otras personas)?

a) Catarsis.
b) Empatía.
c) Reflexividad.
d) Eustrés.

18. ¿Qué respuestas es incorrecta?

a) Las familias necesitan atención al mismo tiempo que el paciente terminal.
b) Los familiares deben ser partícipes del plan de cuidados del paciente.
c) No es conveniente instruir a los familiares en los cuidados necesarios para el paciente.
d) El médico debe facilitar a la familia la mayor cantidad de información posible sobre el estado del paciente.

19. ¿Cuál de estas etapas de aceptación de la muerte (Kübler-Ross) suele ser cronológicamente la primera?

a) Ira.
b) Negociación.
c) Negación.
d) Aceptación.

20. ¿En qué fase según Spoken está el paciente terminal que aún no conoce el diagnóstico ni el alcance de la enfermedad, pero la familia sí?

a) Fase de despreocupación.
b) Fase de inseguridad.
c) Fase de negación.
d) Fase de comunicación de la verdad.

En MADTEST tienes **más preguntas de este tema** y todos tus avances quedan registrados y se reflejan en el ranking.

¡Supera tus límites con MADTEST!

Solución al test n.º 30

1. d) La atención domiciliaria.

2. c) Aceleran la muerte.

3. c) Está limitado a 6 meses (± 3).

4. b) No maleficencia.

5. d) Ortotanasia.

6. a) Eutanasia.

7. c) Derecho a participar en la toma de decisiones relativas a las pruebas complementarias, aunque no en el tratamiento.

8. c) Hay que evitar que se sienta solo, y esto lo relaja y disminuye su estrés, favoreciendo que no se den las irregularidades del sueño.

9. d) Hay que obligar a comer a los pacientes, la falta de comida constituye una ded las causas de empeoramiento.

10. d) Herpes simple.

11. b) Mejor vía de administración la analgesia oral/rectal.

12. d) Sueño.

13. c) El dolor neuropático, por daño del Sistema Nervioso Central (dolor central) o periférico (desaferentización).

14. b) El fentanilo tiene indicaciones diferentes a la morfina en el tratamiento de dolor crónico que no responda al segundo escalón de la OMS.

15. b) Las reacciones adaptativas como consecuencia de la aparición de cambios inevitables.

16. c) Nivel de sedación IV.

17. b) Empatía.

18. c) No es conveniente instruir a los familiares en los cuidados necesarios para el paciente.

19. c) Negación.

20. a) Fase de despreocupación.

Cómo acceder al Curso

Técnico/a en Cuidados Auxiliares de Enfermería
Test del temario

El uso de los códigos **es exclusivo de los compradores de los productos de Editorial MAD**. Cada producto posee un código único y de un solo uso. Es personal e intransferible y da acceso a servicios y contenidos adicionales. Editorial MAD se reserva el derecho de hacer cuantas comprobaciones sean necesarias para identificar al legítimo poseedor del código y dejar de dar servicio a quien haga uso fraudulento del mismo, además de emprender cuantas acciones legales estime oportunas según la legislación vigente.

Deberás acceder a:

mad.es/registro-campus

Si una vez aceptadas las condiciones de uso del Campus decides hacer uso del mismo, necesitarás del siguiente código de acceso junto con los códigos del resto de títulos que se exigen (si fuera el caso):

QPYA6T4RLN